KB195129

"재인아, 엄마랑 북클럽할래?"

"북클럽? 그게 뭐야?"

"서로 같은 책을 읽고 이야기 나누는 모임이지."

"엄마랑 나랑 같은 책을 읽는 거야? 좋아. 할래!"

"우리 둘이 하는 북클럽이니까, 단둘이 북클럽 어때?"

단둘이 북클럽

단둘이) 북클럽

변혜진 연재인 함께 읽고 씀

도토리책공방

열 살 딸과 단둘이 북클럽을 시작했습니다

단둘이 북클럽은 2023년 10월에 결성했습니다. 하지만 아이와 함께하는 북클럽을 꿈꾸기 시작한 것은 그보다 훨씬 오래전의 일입니다.

3년 전쯤일 거예요. 코로나19로 인해 모든 일상이 멈췄던 그 시절, 아이들을 데리고 가장 자주 갔던 곳은 도서관입니다. 아이들과 24시간을 붙어 지내야 했기에 '오늘은 뭐하지?' 가 지상 최대 고민이었고, 아이들의 '심심해'를 달래기에 가장 손쉬운 수단이 '책'이었습니다.

매일 도서관에 가서 그날 읽을 책을 빌려 오고, 집에 와서 읽어 주기를 반복했어요. 제 책도 빌리고 싶었지만, 어린 아이 둘을 데리고 성인 열람실까지 갈 수 없어 아쉬운 대로 어린이 열

람실에서 제가 읽고 싶은 책을 고르곤 했어요.

그러다 눈에 들어온 게 고전문학이었어요. 어렸을 때 그림책이나 어린이용 축약본으로 읽고 완역본은 읽지 않은 책이 많았습니다. 『톰 소여의 모험』으로 유명한 미국의 작가 마크 트웨인은 고전을 일컬어 '모두가 읽고 싶어 하지만 아무도 안 읽은 책'이라고 말한 바 있습니다. 저에게도 역시 그랬어요. 고전은 언젠가 제대로 도전하고 싶지만 엄두가 나지 않는 책이었어요. 어린이를 위한 책이라면 조금 쉽게 접근해 볼 수 있지 않을까 싶은 마음에 어린이용 완역본 고전문학을 도서관에 갈 때마다 한두 권씩 빌려 읽기 시작했죠.

와, 그런데 이게 너무나 재미있는 거예요. 제가 어렴풋이 알고 있던 내용들이 전부가 아니었습니다. 디테일한 묘사와 풍성하고 흥미진진한 스토리에 완전히 반했습니다. 시대와 세대를 넘나드는 교훈과 재미가 고전문학에는 있었습니다. 읽고 싶어 하는 사람은 많지만 정작 읽은 사람은 없다는 고전이, 여전히 만들어지고 팔리고 읽히는 이유가 바로 여기 있겠구나 싶었습니다. 나중에 아이들이 크면 다른 건 몰라도 고전문학은 꼭 읽히고 싶다고 생각했을 만큼 유익했어요.

그렇게 시작된 '나홀로 고전 북클럽'은 아이들과의 나중을 꿈꾸게 되었습니다. 그때부터 책을 읽고 나서의 감상을 글로 남기기 시작했어요. 수신인을 첫째 재인이로 한 편지 형식이었습니다. '나중에 아이와 함께 이 책을 읽게 되었을 때 편지를 줘야지. 그리고 꼭 답장을 부탁해야지.' 결심하면서 말이죠.

일반적인 독서감상문이 아니라 편지 형식을 택한 건 아마 고전문학의 영향일 거예요. 제가 읽은 고전문학들이 쓰일 당시의 통신수단이 대부분 '편지'였거든요. 언제든 원하기만 한다면 실시간으로 연락할 수 있는 편리한 시대를 살고 있지만, 책을 읽으며 저는 전해지는데 며칠이 걸리는 편지가 답답하기보다는 부러웠습니다. 말을 고르고 골라 진심에 가장 가까운 것만 담아 보내는 편지가 참 낭만적으로 느껴졌어요. 그 낭만적인 정서가 부러워 아이에게 언제 전해질지 모르는 편지를 쓰게 되었는지도 모르겠습니다.

그렇게 읽는 책이 한 권, 두 권 늘어남에 따라 편지도 한 편, 두 편 늘어갔고 언젠가 이 편지를 보낼 날을 꿈꾸며, 아이와 함께 같은 책을 읽을 날을 그리며 '단둘이 북클럽'을 차근차근 준비했습니다.

그리고 작년 가을, 드디어 아이와 함께하는 북클럽을 시작했습니다. 단둘이 북클럽은 제가 꿈꿨던 것보다 더 의미 있는 시간이었습니다. 함께 읽는 책은 서른네 살이라는 나이 차를 극복하고, 엄마와 딸이라는 역할을 넘어서 '독자와 독자'로 만나게 해주었어요. 서로 비슷한 생각을 했음에 반가워하고, 같은 책을 읽었지만 다른 생각을 하고 있음에 신기해하기도 하고, 궁금한 것을 찾아가며 함께 배워갔습니다. 책을 매개로 더 많은 대화와 소통을 할 수 있게 되었습니다.

『단둘이 북클럽』에는 책을 읽고 제가 아이에게 보냈던 편지와 아이가 쓴 답장, 그리고 둘이 나눴던 질문과 답변을 담았습니다. 아이의 편지는 책의 형식에 맞춰 다소 수정과 편집을 했지만 아이가 전하고자 하는 의미는 해치지 않도록 조심스럽게 작업했습니다.

가끔 열 살 아이가 어떻게 이렇게 긴 편지를 쓸 수 있는지 깜짝 놀라는 분들이 계셨습니다. 편지를 쓰기 전에 책을 읽으며 수시로 나눴던 대화가 그 글의 바탕이 되었음을 알리고 싶습니다. 그 또래의 아이들이 그렇듯 신나서 답장을 보내올 때도 있었지만 몇 주간의 기다림 끝에 간신히 받은 글도 다수 있었음을 고백합니다. 그래도 아이를 끝까지 기다려 주고, 아이도 끝까지 노력해 주었기에 책 작업을 무사히 마칠 수 있었습니다.

책의 끝부분에 담은 '소소하지만 도움이 되는 단둘이 북클럽 이야기'는 그동안 온라인과 오프라인에서 만났던 분들께 받았던 질문에 대한 답과 아이와의 북클럽 관련하여 제가 꼭 전달하고 싶었던 내용을 담았습니다.

말 그대로 '소소'하지만, 아이와 북클럽을 시작하는데 '작은 도움'이 될 수 있을 것이라 믿고 경험과 마음을 진솔하게 기록해 보았습니다.

아이와 함께 읽는 게 좋아서, 함께 읽고 나누는 대화들이 참 좋아서 그동안 주변 지인과 SNS에서 만나는 분들께 적극적으로, 틈만 나면 아이와의 북클럽을 권했습니다. 세상에 그 어떤 것이 단점 없이 장점만 있겠느냐마는 저는 아직 아이와의 북클럽, '단둘이 북클럽'의 단점을 발견하지 못했어요.

그래서 오늘도 변함없이 권해 봅니다.
같이 하실래요, 단둘이 북클럽?

'단둘이 북클럽'은 재인이와 저만의 독서 모임이었지만, 이 책은 둘만의 힘으로 만들지 않았습니다. 책이 만들어지는 과정을 애정으로 지켜봐 주시고, 한결 같은 응원과 격려를 보내주신 사랑하는 '쓰기의 책장' 쓰님들과 박애희 작가님 고맙습니다. 덕분에 '함께'라는 단어가 얼마나 아름다운지 알게 되었습니다. 오래도록 같이하며 '함께의 힘'을 보태겠습니다.

언니랑 엄마가 함께하는 북클럽에 들어가고 싶어 힘내서 한글을 깨우친 아인이와 딸과 아내의 북클럽을 언제나 흐뭇하게 지켜봐 준 우리 집 가장에게도 마음을 가득 담아 고마움을 전합니다. 무엇보다 "엄마랑 함께하는 건 뭐든 좋아"라고 여전히 말해주는 재인이에게 사랑을 전합니다. 엄마도 재인이랑 하는 건 뭐든 다 좋아!

"『단둘이 북클럽』을 읽고 아이와 북클럽을 시작했어요."라는 소식이 들려 온다면 더없는 기쁨이 될 것 같습니다.

북클럽 리더, 변혜진

엄마와 단둘이 북클럽을 시작했습니다

작년에 엄마가 북클럽을 하자고 했을 때 저는 북클럽이 뭔지 잘 몰랐어요. 그냥 엄마랑 같은 책을 읽는다는 게 재미있을 거 같아서 고민하지 않고 "그래!"라고 했어요. 그런데 책을 읽고 편지를 쓸 줄은 몰랐어요. 편지를 써야 한다는 것을 알았다면 조금 고민했을 거 같긴 한데, 그래도 결국 저는 "그래!" 라고 했을 거예요.

단둘이 북클럽을 하면서 언제나 쉽고 재미있기만 했던 건 아니에요. 모든 책이 재미있었던 것도 아니고, 언제나 편지를 술술 쓸 수 있었던 것도 아니에요. 시간 가는 줄도 모르고 순식간에 읽은 책도 읽었지만, 몇 번을 폈다 덮었다 하다 결국 엄마에게 이야기하고 그만 읽기로 한 책도 있어요. 편지도 똑같아요. 하고 싶은 이야기가 많아서 순식간에 한 페이지를 뚝딱 쓰기도 했지만, 생각을 하고 또 해도 별로 하고 싶은 이야기가 없을 때도 있었어요.

특히 책을 준비하면서 많이 힘들었어요. '내가 이걸 왜 시작했을까' 후회가 되기도 하고 귀찮기도 했어요. 하지만 엄마랑 같이 주고받은 편지를 모아놓고 보니 하길 참 잘했다는 생각이 들어요. 엄마는 제가 어른이 돼서 보면 뿌듯할 거라고 하던데 지금도 충분히 뿌듯해요.

저는 엄마랑 북클럽하면서 이 세 가지가 참 좋았어요.

첫 번째로는 정기모임일인 수요일마다 엄마랑 카페에 가서 맛있는 음료랑 디저트를 먹으며 같이 책을 볼 수 있다는 점이에요. 책만 본 건 아니고, 각자 하고 싶은 일도 하고, 이야기도 나누고, 사진도 찍었어요. 엄마랑 데이트하는 기분이 들어서 매주 수요일을 기다렸어요.

두 번째로는 혼자라면 읽지 않았을 책을 읽을 수 있었다는 점이에요. 북클럽이 아니었다면 저는 『80일간의 세계 일주』 『지킬 박사와 하이드 씨』는 재미 없어 보여서 안 읽었을 거예요.

그리고 마지막으로 세 번째는 엄마랑 단둘이 시간을 보낼 수 있다는 점이에요. 단둘이 북클럽 덕분에 집에서도 밖에서도 엄마랑 나란히 앉아 책 읽는 시간을 많이 가질 수 있어서 좋았어요. 저는 엄마에게 기대서 책 읽는 걸 좋아하거든요.

얼마 전에 엄마에게 "우리 언제까지 단둘이 북클럽할 거야?"라고 물었어요. 그런데 엄마가 "언제까지긴 평생 하는 거지. 엄마가 할머니 돼도 할 건데."라고 해서 깜짝 놀랐어요. 그렇게 오랫동안 어떻게 하나 걱정도 되었는데 생각해 보니 괜찮을 거 같아요.

엄마랑 같이 하는 건 다 좋으니까요.

단 하나뿐인 회원, 연재인

단둘이 북클럽 규칙

1. 읽는 책은 고전문학 완역본으로 한정한다.

2. 하루에 40페이지 이상 읽는다.

3. 한 권 완독에 걸리는 시간은 2주를 넘기지 않는다.

4. 책을 읽고 느낀 점을 담은 편지를 주고받는다.

5. 먼저 읽는 사람에게 다음 책 선택권이 주어진다.

6. 정기모임일은 매주 수요일로 정한다.

7. 함께 책을 읽으며 궁금했던 점은 수시로 나눈다.

주말에
숲에 가지 않을래?

하이디

Heidi

Johhanna Spyri **요한나 슈피리**

『하이디』는 단둘이 북클럽의 시작을 열어준 고마운 책입니다. 어떤 책으로 시작할까 고민이 많았는데 재인이가 먼저 이 책으로 시작하자고 제안을 했어요. 기존에 어린이용 축약본 『하이디』를 읽어서 책에 큰 호감을 가지고 있었기에 가능한 일이었어요(축약본 활용에 관해서는 224쪽을 확인해 주세요).

『하이디』를 읽지 않았어도, '하이디'를 모르는 분은 많지 않으실 거예요. 스위스하면 가장 먼저 하이디와 알프스가 떠오를 정도로 하이디는 유명합니다. 1970년대 일본에서 애니메이션으로 제작되어 전세계적으로 큰 인기를 얻었고, 영화로도 제작된 바 있죠. 드넓은 알프스 초원 위를 한없이 자유로운 표정으로 뛰어노는 맨발의 소녀 하이디를 떠올릴 때면 선선한 바람이 뺨을 스치는 듯한 청량감이 느껴집니다.

『하이디』는 작가인 요한나 슈피리가 1880년에 출간한 『하이디의 수업 시대와 편력 시대』와 1881년에 출간한 『하이디는 배운 것을 쓸 줄 안다』를 한 권으로 묶은 책입니다. 두 권을 한 권으로 묶어서 일까요? 어린이를 위한 동화임에도 분량이 꽤 되는 두꺼운 책입니다. 저도 어려서 어린이용 축약본으로만 읽고 완역본은 '단둘이 북클럽'을 통해 처음 읽게 되었는데 생각보다 분량이 많아서 깜짝 놀랐어요. 하지만 알프스의 아름다움과 천진난만하고 무해한 하이디에게 푹 빠져 읽다 보면 분량의 부담은 어느새 잊고 시간 가는 줄도 모르고 읽게 됩니다. 저도 그랬고, 재인이도 그랬어요.

이 책은 주인공 하이디가 이모와 함께 고원에 혼자 사는 할아버지를 찾아가는 장면으로 시작됩니다. 하이디는 알프스와 할아버지에게 단번에 마음을 엽니다. 세상과 단절된 채 살아가던 할아버지 또한 하이디를 통해 세상으로 한 발짝 내딛습니다. 가난한 염소치기 페터와 그의 가족도 삶의 활력을 찾아 갑니다. 몸이 불편한 클라라 또한 하이디의 응원에 힘입어 기적처럼 다시 걷게 되죠.

이 모두 하이디가 있었기에 가능한 일이었어요. 하이디에겐 대체 어떠한 힘이 있는 걸까요? 책을 읽고 나면 아마 어렴풋이 알게 될 거에요. 하이디가 가진 생명력과 알프스로 대변되는 자연의 놀라운 힘을.

엄마가 스물세 살 때던가? 스위스 루체른이라는 도시를 여행한 적이 있어. 아름다운 알프스 산맥과 고요한 호수가 어우러진 그림 같은 곳이었어. 맞아, 하이디가 사는 바로 그 알프스!

그곳에서 가장 먼저 했던 생각이 무엇인 줄 알아?

'아, 이래서 하이디가 알프스를 그리워했구나!'

엄마가 너만 했을 때 읽었던 책 속 하이디가 그제야 이해가 가더라.

엄마가 『하이디』를 처음 읽었을 땐 하이디의 마음이 이해가 안 갔어. 대체 무엇 때문에 알프스 할아버지 집을 그리워하는지 말이야. 어린 엄마 눈에는 클라라네 집이 훨씬 좋아 보였거든. 클라라는 물론이거니와 아빠인 제제만 씨와 할머니까지 모두 하이디를 예뻐했잖아. 먹을 것도 훨씬 많고, 예쁜 옷도 입을 수 있고, 장난감도 다양하고, 읽을 책도 풍성하게 넘쳐나는 그곳을 두고 사방이 산과 들뿐인 알프스가 그리워 바짝 마를 정도로 지독한 향수병에 걸리다니…… 열 살 엄마 눈엔 하이디가 참 이상해 보였단다.

그런데 알프스를 직접 보고 단박에 알았지.

'이런 곳이라면 향수병에 걸리지 않을 수 없었겠구나!'

엄마는 겨우 3박 4일을 머물렀을 뿐인데 그곳의 풍경은 물론이고, 공기와 바람까지도 생생하게 기억이 나. 하이디가 앓았던 향수병까지는 아니지만 여전히 그곳이 그립고, 기회만 닿는다면 꼭 한번 다시 가고 싶어.

스위스를 떠나던 날, 엄마는 결심했어.

'반드시, 꼭 다시 와야지. 소중한 사람과.'

재인이도 직접 가 보면 알게 될 거야. 하이디의 마음을, 그리고 엄마의 마음을.

재인이는『하이디』어땠어? 어린이를 위한 책임에도 꽤 두꺼워서 좀 놀라진 않았니? 너에게 고전문학을 같이 읽자고 제안하면서 엄마는 사실 좀 걱정했어. 평소에 읽던 책보다 글의 양이 많아서 부담스러워하면 어쩌나, 낯설어서 어려워하면 어쩌나 싶었거든. 엄마의 우려와는 달리 단둘이 북클럽을『하이디』로 시작하고 싶다고 선뜻 먼저 제안하고 자신있게 도전하는 너의 모습에 엄마는 무척 기뻤어.

　재인이는 하이디의 어떤 부분이 가장 재미있었어? 엄마가 재인이 만할 때는 하이디와 클라라의 우정 이야기에 흠뻑 빠져서 그 부분을 읽고 또 읽었어. 특히 하이디가 클라라네 집에서 지내던 부분을 참 좋아했어.

　지금 생각해 보면 당시 엄마에겐 도시에 대한 환상이 있었던 거 같아. 엄마가 어려서 살았던 곳은 하루에 버스가 네 번 밖에 들어오지 않았을 정도로 외진 시골이었거든. 그래서 텔레비전에서만 보는 도시가 늘 궁금했어. 하이디가 큰 도시인 프랑크푸르트에 가게 되었을 때 '참 잘 되었다'고 생각했던 건 그런 엄마의 마음이 반영되었기 때문일 거야.

　하이디가 그곳에서 클라라와 우정을 쌓으며 잘 성장해 나가길 엄마는 바라고 또 바랐지만 하이디는 알프스로 돌아오게 돼. 솔직히 말하면 얼마나 서운했는지 몰라. 마치 엄마가 도시에 살게 되었다가 원래 살던 곳으로 돌아가게 된 것처럼 속상했지.

물론 책 속 하이디는 뛸 듯이 기뻐했지만 말이야.

　그런데 있지, 지금에 와서 생각해 보니 도시 생활이 편리하긴 하지만 자연을 곁에 두고 지내는 삶에는 그것만의 특별함이 있는 것 같아. 자연만이 줄 수 기쁨과 위로가 있다는 것을 엄마는 요즘에서야 알게 되었단다. 초록빛 나무가 우거진 숲을 거닐며 느끼는 편안함은 다른 것으로 대체하기 어렵잖아. 그러고 보면 하이디는 대단한 구석이 있어. 그걸 어려서부터 어렴풋이 알고 있었던 것 같거든.

　엄마는 재인이가 언제나 곁에 자연을 두는 사람으로 성장해 나갔으면 좋겠어. 나이를 한 살 한 살 먹을 때마다 재인이는 더 바빠질 거야. 어쩌면 창밖의 나무에 새순이 돋은 것도, 단풍이 든 것도, 소복하게 하얀 눈이 쌓인 것도 모르고 지낼지 몰라. 그저 텔레비전이나 인터넷 뉴스를 보며 '아, 봄이구나!' '벌써 여름이구나' 하고 시간에 끌려가는 삶을 살지도 모르겠어.
　엄마도 그랬거든. 40년을 넘게 살았지만, 헐벗었던 나무에 나뭇잎이 생기고 무성해지는 과정을 지켜보고 관심을 가진 것은 얼마 되지 않은 일이란다. 자연에 관심이 생기고, 계절의 변화를 섬세하게 느끼면서 엄마의 삶은 전보다 풍성해졌어.

　나중에 클라라가 하이디가 사는 알프스로 오게 되잖아. 그때
기적 같은 일이 생겼어. 다리가 약해서 걷지 못하고 내내 휠체
어 신세만 지던 클라라가 건강한 다리로 걷게 된 거야.

　그런데 그게 그저 우연히 일어난 기적이었을까? 엄마는 그
기적은 자연의 힘에서 비롯된 것이라고 생각해. 알프스의 바람
과 푸른 초원이 가진 힘, 그리고 그곳을 사랑하는 이들의 힘이
함께 만들어 낸 결과 아닐까?

　우리 그 힘을 꼭 기억하고 지내자.

　그런 의미에서 아무리 바빠도 이번 주말엔 숲으로, 어때?

　　　　　　　　　– 마음은 이미 숲을 걷고 있는, 엄마가

"페터! 페터! 불이야, 불! 산이 온통 타고 있다고. 저쪽 눈 덮인 벌판도, 하늘도 모두 훨훨 타고 있어. 봐, 저것 좀 보라고! 저기 높은 바위산이 이글거리고 있어! 붉게 물든 눈밭이 저렇게 아름다울 수가! 페터, 저것 좀 봐. 불길이 독수리 둥지가 있는 곳까지 닿았어! 저 바위들 좀 봐! 그리고 전나무들도! 모든 게, 모든 게 다 불길에 휩싸였어!"

『하이디』, 요한나 슈피리, 김영진 옮김, 시공주니어, p.67

엄마, 스위스에 가 봤다고? 진짜? 우아, 좋았겠다!

나도 너무 너무 가고 싶어. 그곳에 가서 하이디가 보고 좋아서 팔짝팔짝 뛰었던 '해 덕분에 불 타는 것처럼 붉어진 산', '장미 빛깔로 물든 눈'을 실제로 보고 싶어. 정말 아름답겠지?

지난 번에 학교에서 수행평가로 가고 싶은 나라를 정해 그곳에 대해 조사한 적이 있는데, 나는 '스위스'로 정했어. 『하이디』를 읽고 스위스가 궁금해졌거든(러시아랑 스위스 두 나라를 놓고 한참 고민했어).

조사하다 보니 이런 내용이 있더라? 스위스에 가면 요한나 슈피리 작가님이 『하이디』를 쓸 때 머물렀던 곳이 있대. 『하이디』의 실제 배경인 거지. 언젠가 스위스에 가게 된다면 그곳에 꼭 가볼 거야.

엄마는 하이디가 클라라네 집에 살 때 알프스 할아버지 집을 왜 그리워했는지 이해가 안 되었다고? 말도 안 돼! 하이디는 그곳에 오고 싶어서 온 게 아니잖아. 난 하이디의 마음을 알 것 같아. 도시가 아무리 좋아도 하이디가 원하는 건 할아버지랑 사는 거였잖아. 또 프랑크푸르트에 하이디를 좋아하는 사람만 있는 것도 아니야. 하이디에게 화를 내는 로텐마이어 아주머니도 있었는 걸?

내가 하이디였어도 알프스로 돌아가고 싶었을 거야. 하이디를 읽으며 자연 속에서 사는 것의 좋은 점을 알게 돼서 그런지 시골이 도시보다 더 살기 좋을 것 같아. 나도 시골에 살다 도시에 온다면 시골이 그리울 거야. 물론 하이디처럼 향수병과 몽유병에 걸릴 정돈 아니겠지만.

책 속 등장인물에게 많은 변화가 일어났어. 페터는 글을 읽게 되고, 클라라는 걷게 되고, 할아버지는 더욱더 멋진 사람이 되었어. 나는 이게 모두 하이디 덕분이라고 생각해.

내가 이 책에서 제일 좋아하는 부분은 클라라가 하이디가 사는 오두막에 왔을 때야. 그중에서도 클라라가 처음 걷는 장면! 페터가 질투심에 휠체어를 없애 버리는 바람에 그렇게 된 거긴

하지만 결국 좋게 끝나서 다행이야.

그런데 엄마, 나는 페터가 휠체어를 없애는 일이 없었더라도 결국 클라라가 걸었을 거라고 생각해. 할아버지의 정성 어린 보살핌을 받고, 염소젖 같은 건강에 좋은 음식을 먹고, 알프스의 신선한 공기를 쐬고, 하이디와 함께 행복한 시간을 보내다 보면 몸과 마음이 건강해져서 결국 걷게 되지 않았을까?

엄마, 나중에 유럽으로 여행가면 꼭 스위스 알프스에 가보자. 하이디가 했던 것처럼 오두막에서 자고, 빵에 염소젖으로 만든 치즈나 버터를 발라 먹고 싶어. 하이디처럼 마른풀 침대에서 별 보며 자는 건 이루기 어려우려나? 그래도 알프스 초원에서 뛰어놀 순 있겠지? 그것만으로도 충분해.

– 마음은 이미 알프스에 있는, 재인이가

엄마, 스위스에 가면 '하이디 마을'이 있다던데, 어떤 곳일까?

1880년, 『하이디』를 쓴 요한나 슈피리는 몸이 아파서 요양을 위해 자그마한 온천 마을을 찾았다고 해. 그곳은 '마이엔펠트'라는 곳인데 스위스에서 가장 큰 도시인 취리히에서 기차를 몇 차례 갈아타고 네 시간 정도 걸리는 곳이야.

자연 속에서 휴식을 취하며 평화로운 나날을 보내던 요한나 슈피리는 눈앞에 보이는 바로 이 자연을 배경으로 한 이야기를 떠올렸고, 두 편의 소설을 연달아 발표했어. 1880년에 출간한 『하이디의 수업 시대와 편력 시대』, 1881년에 출간한 『하이디는 배운 것을 쓸 줄 안다』가 바로 그거야. 그리고 우리가 함께 읽은 『하이디』는 이 두 권을 한 권으로 합친 책이지.

『하이디』는 요한나 슈피리에게 큰 성공을 안겨 주었어. 소설은 1937년 미국 할리우드에서 최초로 영화화되었고, 그 이후 전 세계에서 리메이크가 이어졌지. 그리고 1974년 일본에서 장편 애니메이션으로 제작되면서 더 큰 인기를 얻었다고 해.

하이디는 작가의 상상력으로 만들어 낸 인물이니까 진짜 살던 집은 아니겠지만, 책 속 풍경을 그대로 재현해 놓은 '하이디 마을'이 마이엔펠트에 가면 있대. 하이디와 할아버지가 함께 살던 오두막집은 물론이고 페터 가족의 집, 학교, 심지어 프랑크푸르트에서 의사 선생님이 오시면 묵었던 호텔까지 소설의 배경이 되었던 여러 시설을 그대로 만들어 놨다고 해.

하이디가 살던 오두막은 무려 해발 1111미터에 위치해 있대. 엄마가 찾아 봤는데 재인이가 누워서 별을 보며 자고 싶다던 마른풀 침대도 있던데? 올라가기 힘들긴 하겠지만 『하이디』의 팬이라면 꼭 가 봐야겠지?

엄마, 하이디가 클라라네 집에서 지낼 때 하얀 빵을 몰래 감춰서 페터 할머니에게 드리려고 했잖아. 하이디가 살던 시절에는 하얀 빵이 귀했나?

재인이도 통밀빵 먹어 본 적 있지? 일반 빵보다 거칠고 퍽퍽해서 별로 안 좋아했잖아. 그에 반해 하얀 빵은 부드럽고 촉촉하지. 지금은 건강을 위해서 통밀빵을 일부러 먹는 사람들도 많아지고, 가격도 하얀 빵보다 통밀빵이 더 비싼 경우가 많아.

그런데 말이야, 하이디가 살던 시대는 지금과 달랐어. 밀가루를 곱게 빻는 제분 기술이 발달하기 전이라 부유한 집에서만 하얀 빵을 먹었다고 해. 하얀 빵을 만드는 밀가루를 만들려면 밀을 빻아서 껍질과 배아를 제거하기 위해 여러 번 체로 걸러내야 하는데 그 과정에서 양도 많이 줄어들고, 만드는 데 시간과 노동력도 더 필요하다고 해. 그런 이유로 가난해서 늘 먹을 것이 부족한 일반 서민들은 식감이 좋지 않더라도 통밀빵을 먹을 수밖에 없었지.

항상 딱딱하고 거친 통밀빵을 먹던 하이디가 처음으로 귀한 하얀 빵을 먹었을 때 어땠을까? '세상에 이렇게 부드럽고 맛있을 수가' 싶어 깜짝 놀랐겠지? 재인이라면 세상에 태어나 처음 먹어 보는 환상적인 맛을 가진 하얀 빵을 다른 사람에게 양보할 수 있을 거 같아? 그렇게 맛있는 걸 먹지 않고 페터 할머니에게 주겠다며 차곡차곡 모으던 하이디의 마음, 상상할 수 있겠니?

하얀 빵이 얼마나 맛있고 귀했을지 알고 나니 페터 할머니께 드리고 싶어 소중하게 모아 두었던 하얀 빵을 로텐마이어 아주머니에게 들켜 빼앗겼을 때 느꼈을 하이디의 절망감이 조금 더 생생하게 느껴지지 않니?

내일은 언제나 새로운 날이라니,
멋지지 않니?

빨간 머리 앤

Anne of Green Gables

Lucy Maud Montgomery 루시 모드 몽고메리

『빨간 머리 앤』은 제가 참 좋아하는 책입니다. '단둘이 북클럽'을 시작하기로 하면서 '같이 읽을 책 1순위'로 마음에 정해 두었지요. 저와 성향이 많이 다른 재인이가 이 책을 읽고 어떤 감상을 들려 줄지 무척 궁금했어요.

'주근깨 빼빼 마른 빨간 머리 앤. 예쁘지는 않지만 사랑스러워. 상냥하고 귀여운 빨간 머리 앤. 외롭고 슬프지만 굳세게 자라.'

'빨간 머리 앤'을 떠올릴 때면 〈빨간 머리 앤〉 만화영화 주제곡이 머릿속에 자동 재생됩니다. 일본 닛폰 애니메이션에서 제작되어 우리나라에서는 KBS를 통해 1986년 최초 방영되었던 이 애니메이션은 당시 선풍적인 인기를 끌었지요. 어린이들의 마음을 완전히 사로잡았어요. 저도 그때 마음을 사로잡힌 어린이 중 한 명이었습니다.

원작인 『빨간 머리 앤』은 캐나다 작가 루시 모드 몽고메리가 지은 소설로 1908년 출간되었습니다. 소설의 원제는 『Anne of Green

Gables』이며, 그대로 번역한다면 '그린 게이블의 앤'이지만 『빨간 머리 앤』이라는 일본에서 지은 번안 제목으로 더 널리 알려졌지요.

책은 외롭게 지내던 오누이 매슈와 마릴라가 아이를 입양하기로 하면서 시작됩니다. 바깥 일을 하는 매슈가 나이도 있고 몸도 좋지 않아 매슈의 일을 거들 남자 아이가 필요했거든요. 매슈는 입양하기로 한 아이를 데리러 기차역에 나갔는데 남자 아이가 아니라 빨간 머리 여자 아이 한 명이 다소곳하게 서 있었습니다. 그렇게 초록 지붕 집에서 살게 된 빨간 머리 앤!

눈물도 참 많고, 웃음도 참 많고, 꿈도 너무 너무 많은 이 작고 삐삐 마른 소녀 주위엔 사건 사고가 끊이질 않습니다. 어쩌면 평범한 일들도 앤이 있어 특별하게 느껴지는지도 모르겠어요. 앤은 사소한 행복도 놓치지 않는 아이니까요.

앤이 온 뒤로 초록 지붕 집은 물론, 에번리 마을 전체에 생기가 넘칩니다. 『빨간 머리 앤』을 읽고 있는 재인이와 제 마음에도 생기가 넘쳐났죠. 이게 바로 빨간 머리 앤의 마법!

재인아, 엄마는 몇 번이나 더 읽어야 『빨간 머리 앤』을 읽고 덤덤할 수 있을까? 텔레비전 애니메이션으로 처음 앤을 만나고, 책도 지금까지 서너 번은 읽었는데 읽을 때마다 번번히 주근깨 빼빼 마른 빨간 머리 앤에게 반하고 또 반하고 있어.

이번에도 마찬가지! 책을 덮자마자 엄마는 책 속 '빨간 머리 앤'처럼 꿈꾸는 표정이 되어 이 책을 꼭 끌어안아 주었단다. 아마 『빨간 머리 앤』은 엄마의 책장에 오래도록 남아 있을 거야. 아니, 평생 소장하고 싶어.

재인이도 좋아하는 책이 생기면 곁에 두고 여러 번 읽어 보면 좋겠어. 같은 내용이지만 읽을 때마다 다른 느낌을 받게 되거든. 그건 아마 내가 조금씩 성장하며 달라지고 있기 때문이겠지?

엄마가 어려서 이 책을 처음 읽었을 땐 앤과 다이애나 이야기가 가장 재미있었는데, 어른이 되어 다시 읽으니 길버트와 앤의 미묘한 경쟁 관계와 애정에 주목하게 되더라. 그리고 이번엔 이상하게 매슈 아저씨와 마릴라 아주머니에게 눈이 갔어. 아마도 '엄마'가 되었기 때문이겠지? 엄마가 되고 나서 읽은 건 이번이 처음이거든.

재인이도 알지? 매슈 아저씨와 마릴라 아주머니가 처음에 입양하려고 했던 건 앤이 아니었어. 매슈 아저씨를 도와 농장 일을 할 앤 또래의 남자 아이를 입양할 계획이었는데 스펜서 아주머니에게 잘못 전달되는 바람에 앤이 초록 지붕 집에 오게 된 거야. 매슈 아저씨는 기차역에서 앤과 처음 만났을 때 이미 일이 잘못 되었다는 걸 알았지만 앤을 차마 돌려보내지 못했어. 앤에겐 아무 말도 하지 않고 집으로 데려갔지. 왜 그랬을까? 얼른 바로잡는 편이 좋았을 텐데 말이야. 하긴 벅찬 기쁨에 빠져 쉴 새 없이 이야기하는 앤을 외면하기 어려웠겠지.
그런데 말이야, 엄마는 이번에 읽으면서 이런 생각이 들더라.
'어쩌면 매슈 아저씨는 앤을 본 순간 앤을 입양해야겠다고 결심한 것 아닐까?'

생각해 봐. 매슈 아저씨는 말은 없지만 누구보다 정이 많은 분이잖아. 두 눈 가득 행복과 설렘을 담고 있는 앤을 기차역에서 본 순간 매슈 아저씨 또한 행복하지 않았을까? '저 아이가 그냥 우리 집에서 지내면 좋겠다' 생각하지 않았을까?

마릴라 아주머니도 마찬가지야. 매슈 아저씨의 의견이 어떠하든 엄마는 마릴라 아주머니가 어떻게든 앤을 돌려보낼 줄 알았어. 처음에 무척이나 완강했잖아. 그런데 매슈와 마릴라가 괜히 오누이가 아니더라. 둘이 꼭 닮았어. 앤에게 "우리가 원했던 아이는 네가 아니다"라며 차갑게 대할 땐 언제고, 스펜서 아주머니 댁에서 자신이 거두지 않으면 앤이 좋지 못한 환경의 집으로 가게 될지 모른다는 사실을 듣곤 바로 생각을 바꾸잖아.

어쩌면 말이야, 마릴라 아주머니도 스펜서 아주머니 댁에 가기 전부터 앤을 보내고 싶지 않다고 생각했을 거 같아. 하긴 왜 아니겠니? 자신이 처한 현실에 비련의 여주인공이라도 된 양 슬퍼하다가 다음 날 아침에 "저는 오늘 절망의 구렁텅이에 빠져 있지 않아요. 차마 그럴 수가 없어요. 이 세상에 아침이 있다는 건 참으로 멋진 일 같지 않나요?" 하고 생긋 웃는 아이를 어느 누가 저버릴 수 있겠어.

결론적으로 앤을 돌려보내지 않은 건 매슈 아저씨와 마릴라 아주머니에겐 크나큰 행운이었어. 물론 앤에게도 마찬가지고. 매슈 아저씨는 조용하지만 한결 같은 애정과 관심을 앤에게 보냈고, 언제나 앤의 편에 섰어. 마릴라 아주머니도 겉으론 엄했지만 단지 표현해 본 적이 없어서 서툴뿐, 누구보다 앤을 아꼈어.

매슈 아저씨와 마릴라 아주머니는 아마도 앤이 본인들의 이런 마음을 모를 거라고 생각했을 거야. 얼마나 앤을 아끼는지 앤에게 직접적으로 표현하지 못해서 미안했을 거야.

하지만 앤은 둘의 마음을 알고 있었을 걸? 앤은 감정이 풍부하고 섬세한 눈으로 세상을 바라보는 아이잖아. 유행이 지난 촌스러운 옷만 만들어 주고, 친구들과 콘서트에 가지 못하게 하는 마릴라 아주머니를 조금 원망하기도 했지만 수다스럽게 툴툴대면서도 마릴라 아주머니가 왜 그랬는지 다 알 거야.

매슈 아저씨가 무뚝뚝하지만 자신만의 방법으로 앤에게 각별한 애정을 표현하고 있다는 것도, 앤이 속상해하던 날마다 앤의 방 앞을 서성였던 매슈 아저씨의 발걸음도 앤은 다 알고 있었을 거라고 엄마는 생각해.

만약 앤이 매슈 아저씨와 마릴라 아주머니에게 오지 않았다면 매슈 아저씨와 마릴라 아주머니의 삶은 어땠을까? 아, 상상조차 하기 어렵다. 앤이 없는 초록 지붕 집이라니! 우리가 알고 있는 것과 상당히 다르겠지?

집 안은 쥐 죽은 듯 조용하고, 오늘이 어제 같고, 내일이 오늘 같은 좀 심심하고 평범한 날들일 거야. 식사 시간엔 음식 씹는 소리, 식기와 포크 부딪히는 소리 외엔 나지 않을 거고, 매슈 아저씨와 마릴라 아주머니는 하루에 서로 세 마디 이상 하지 않고 지낼 거 같아. 마주보고 웃는 일은 일주일에 한 번이나 있을까? 아니 그보다도 적지 않을까?

앤이 오고 초록 지붕 집은 완전히 달라졌잖아. 그 작은 아이가 만들어 낸 변화는 어마어마했지. 우선 시끌벅적해졌어. 앤은 한시도 쉬지 않고 재잘대는 아이였고, 자연의 아름다움을 오감으로 호들갑스럽게 느끼는 아이였으니까.

엉뚱한 사고를 치는 앤 때문에 뒷목은 몇 번 잡았지만, 그 덕에 마릴라 아주머니도 매슈 아저씨도 많이 웃었지. 앤에 대한 마음이 깊어지는 만큼 앤에 대한 걱정과 염려도 커져갔지만, 무럭무럭 성장하는 앤을 보며 매슈 아저씨와 마릴라 아주머니는 많이 뿌듯해했어. 앤이 없었을 땐 있는 줄조차 몰랐던 수십, 수백까지 종류의 다양한 감정을 맛보며, 무심코 지나치곤 했던 각

계절의 아름다움을 발견하며 심심할 틈 없이 지냈지.

앤이 오기 전 무탈하고 조용한 삶도 의미가 있지만 앤이라는 '소중한 존재'가 생긴 후의 삶, 참 생기 넘치고 윤기 나 보이지 않니? 매슈 아저씨와 마릴라 아주머니의 앤을 향한 마음, 그 둘을 향한 앤의 마음을 한 단어로 정의하자면 무엇이라고 해야 할까? 아무래도 '사랑'이라고 하는 게 맞겠지? 모자람도 넘침도 없이 꼭 맞는 이름 같아.

책을 통해 앤의 성장을 지켜보며 엄마는 흐뭇한 미소를 연신 지었어. 쑥쑥 하루가 다르게 자라나는 나무 한 그루를 보는 기분이었달까? 특히 화이트 샌즈 호텔에서 열린 콘서트에서 시 낭송을 하는 앤을 보며 엄마는 가슴이 벅찼어. 그 어떤 다이아몬드 목걸이보다 매슈 아저씨의 사랑이 듬뿍 담긴 진주 목걸이가 소중하고, 자기 자신이 아닌 그 누구도 되고 싶지 않다고, 초록 지붕 집의 앤인 게 너무 좋다고 고백하는 앤! 그런 앤이 너무나 기특해서 곁에 있다면 '장하다, 앤! 멋져, 앤!'을 연발하며 머리를 쓰다듬어 주고 싶었어. 엄마 기분도 이런데 매슈 아저씨와 마릴라 아주머니 기분은 어땠을까?

앤은 진짜 멋진 아이야. 무슨 일이 벌어질지 모르는 하루를 흥미진진하다고 말하고, 슬픈 일이 있음에도 재미난 세상인데 슬픔에 오래 빠져 있을 수 없다고 툭툭 털며 스스로 일어서는 앤, 자신을 둘러싼 모든 것을(아니 빨간 머리를 제외한 모든 것을) 긍정의 눈으로 바라보는 앤이 이처럼 훌륭하게 성장한 건 결코 놀랄 일이 아니라고 생각해.

하지만 앤 혼자만의 힘은 아니었을 거야. 매슈 아저씨와 마릴라 아주머니가 앤을 향해 아낌없이 보냈던 사랑과 신뢰가 앤의 성장에 거름이 되어 주었을 거라고 엄마는 믿어.

재인아, 엄마는 재인이가 앤처럼 호기심 어린 눈으로 세상을 바라보고 긍정적인 마음으로 스스로 설 수 있는 아이가 되길 소망해. 엄마도 매슈와 마릴라 같은, 잔잔하지만 단단한 사랑을 재인이게 보낼게. 매슈 아저씨처럼 언제나 너의 편이 되어주고, 마릴라 아주머니처럼 너를 믿어줄게.

그런데 지금 혹시 그동안 엄마가 재인이를 혼냈던 일이나 잔소리를 했던 일을 떠올리며 엄마의 다짐을 의심하고 있는 건 아니겠지?

만약 그렇다면 앤의 말로 엄마의 답변을 대신할게.

"내일은 아직 어떤 실수도 일어나지 않은 새로운 날이잖아요. 참 멋진 일 같지 않나요?"

『빨간 머리 앤』, 루시 모드 몽고메리, 원재길 옮김, 비룡소, p.329

내일부터 더 멋진 사람이 될 기회, 새로운 날이 우리에겐 있지! 참 멋지지 않니?

– 내일부터 더 큰 사랑을 할 준비가 된, 엄마가

엄마, 좋아도 울 수 있어? 『빨간 머리 앤』의 주인공 앤은 참 잘 울더라? 슬퍼서 울고, 기뻐서 울고…… 우는 장면이 꽤 많이 나온 것 같아. 슬프거나 억울할 때 우는 건 이해가 가는데 나는 앤이 기뻐서 우는 장면, 좋아서 우는 장면들이 이해가 되지 않았어. 너무 웃어서 눈물이 난 적은 있어도 기쁘고 즐거워서 울어본 적은 없거든. 원래 기뻐도 눈물이 나는 거야? 혹시 엄마도 그런 적 있어?

매슈 아저씨가 앤에게 앤이 갖고 싶어하던 유행하는 스타일의 드레스를 사주시잖아. 그 장면에서 앤이 그랬어. 정말 정말 좋은데 자꾸만 눈물이 나온다고, 눈물을 멈출 수가 없다고. 나 같으면 기뻐서 웃었을 것 같거든. 앤이 감성적인 아이라서 눈물이 나온 걸까? 아니면 정말로 아주 아주 아~주 기쁜 일이 생기면 누구나 눈물이 나오는 걸까?

잘 우는 앤을 보며 마릴라 아주머니가 "너는 울었다 웃었다 하는 게 탈이구나"라고 말한 것을 보면 이건 앤의 특성인 거 같기도 해.

엄마는 매슈 아저씨와 마릴라 아주머니에게 눈이 갔다고 했지? 나는 엄마가 어렸을 때 그랬던 것처럼 앤과 다이애나, 그리고 길버트의 이야기에 눈길이 갔어.

나는 앤이 길버트에게 조금 너무 했다고 생각해. 길버트가 개구쟁이고 말썽도 좀 피우긴 했지만 결코 앤이 생각하는 것처럼 나쁜 아이는 아닌 거 같아. 크면 클수록 생각도 깊고 멋진 사람이 되어 가는 길버트를 보면서 나는 앤이 빨리 길버트랑 사이가 좋아지길 바랐어. 사실 앤에게 길버트는 좋은 경쟁자잖아. 앤은 길버트가 옆에 있어서 길버트를 앞지르기 위해 공부를 더 열심히 했을 거야. 길버트가 앤에게 가까운 학교를 양보한 걸 보면 마음씨도 착한 것 같아.

그런데 엄마, 다이애나의 엄마 좀 너무하지 않아? 많이 엄하신 거 같아. 앤이 일부러 그런 것도 아니고 실수로 다이애나에게 포도주를 준 건데 그것 때문에 둘 사이를 갈라놓으셨잖아.

누구나 실수를 할 수 있는 거잖아. 앤과 다이애나의 사이가 얼마나 좋은지 다 아시면서 어떻게 만나지도 못하게 할 수 있지? 동생 미니메이가 후두염에 걸렸을 때 앤이 도와주지 않았으면 책이 끝날 때까지도 다이애나가 앤과 노는 걸 반대하셨겠지? 만약 그랬다면 『빨간 머리 앤』은 지금처럼 재미있는 책이 되지 못했을 거야. 미니메이가 아팠던 건 아찔한 일이지만 그 사건 덕에 다이애나 엄마가 앤과 다이애나를 다시 놀게 해줘서 다행이라고 생각해.

엄마가 전에 앤에게 부러운 점은 없냐고 물었지? 나는 앤처럼 되고 싶은 마음보다는 앤 같은 친구가 있으면 좋겠어. 앤처럼 유쾌한 친구가 옆에 있으면 학교 생활이 참 즐거울 거 같아. 그래도 앤에게 딱 하나 부러운 게 있긴 해. 앤의 풍부한 상상력은 부러워. 몇 번을 생각해도 앤처럼 말이 많거나 감성적이고 싶지는 않고, 그냥 상상력만 지금보다 풍성해졌으면 좋겠어.

오히려 난 길버트처럼 배려심 많고, 다이애나처럼 영리하고 싶어. 다이애나처럼 예쁘기도 하면 더 좋겠고.

나는 앤이 어떤 어른으로 성장할지 궁금해. 책에서 그랬던 것처럼 재미있지만 조금 (아니, 많이) 시끄럽고 별난 어른이 되었으려나? 어른이 되어서도 잘 웃고, 잘 우는 그런 어른이려나? 아니면 성격이 바뀌어서 조용하고 수줍은 어른일지도 모르지. 크면서 조금씩 바뀔 수 있는 거잖아. 그리고 앤이 원하는 것처럼 갈색 머리카락을 갖게 되었을지도 궁금해(생각해 보니 아인이도 신생아 땐 머리카락이 금발처럼 노란색이었는데 지금은 갈색이 되었으니 앤도 가능성이 있겠지?).

그런데 나는 앤이 계속 빨간 머리였으면 좋겠어. 빨간 머리는 앤의 결점 아니라 오히려 앤만의 개성이잖아. 만약 앤이 평범한 머리색이었다면 책 제목이 지금과 완전 달랐을 거야. 그냥 '앤' 또는 '앤 셜리'이지 않았을까? 그럼 지금처럼 친구들에게 인기 있지도 않았을 거야. 외모만 보고 친구가 되는 건 아니지만, 개성 있는 친구에게 먼저 눈이 가는 건 사실이니까.

앤은 직업을 참 잘 고른 거 같아. 선생님이라는 직업이 잘 어울려. 만약 앤이 우리 반 담임 선생님이 된다면 신나고 시끌벅적하고 웃음이 끊이지 않는 반이 될 것 같아. 선생님이 너무 말이 많아서 아이들은 떠들 새가 없을지도 몰라.

앤의 성격상 수업하다 울 수도 있을 것 같지만 상관 없어. 어른도 울 수 있는 거지 뭐. 지금 담임 선생님도 좋지만 내년엔 앤 같은 선생님을 만나도 좋을 거 같아.

– 앤보다는 다이애나를 좋아하는, 재인이가

"나는 평생 다이아몬드한테서 위안을 얻지 못하더라도,
내가 아닌 어느 누구도 되고 싶지 않아. 진주 목걸이를
지닌 초록 지붕 집의 앤으로 사는 걸로 만족해. 누군가
연분홍 드레스 부인에게 그 보석을 줄 때 못지 않게,
매슈 아저씨가 사랑을 듬뿍 담아서 내게 이 목걸이를
주었다는 걸 잘 알거든."

『빨간 머리 앤』, 루시 모드 몽고메리, 원재길 옮김, 비룡소, p.506

엄마, 이 책을 쓴 작가님은 어떤 분이야? 빨간 머리 앤의 실제 모델이 있을까?

『빨간 머리 앤』을 쓰신 작가님은 루시 모드 몽고메리라는 분이야. 필명은 L. M. 몽고메리. 루시라는 퍼스트 네임을 싫어해서 작가님의 지인들은 대부분 '모드'라고 불렀다고 해. 그러니까 엄마도 '모드'라고 부르면서 설명을 이어 갈게.

모드의 고향은 빨간 머리 앤과 같아. 캐나다의 가장 작은 주인 프린스 에드워드 아일랜드(Prince Edward Island)의 캐번디시 마을에서 자랐어. 어머니가 일찍 돌아가셔서 외조부모님과 함께 살았는데, 캐번디시 마을은 젊은이들이 거의 살지 않는 농촌 마을이어서 또래 친구가 별로 없었대. 그래서 주로 책을 읽고 상상을 하며 놀았는데 '케이시 모리티'와 '루시 그레이'라는 상상 친구도 있었다고 해. 앤이랑 좀 비슷하지 않니?

하지만 『빨간 머리 앤』은 모드 자신을 모델로 한 소설은 아니야. 모드의 이웃에 사는 독신 남매의 집에 어린 조카딸이 와서 사는 것을 보고, 상상을 더해 쓴 이야기라고 해.

앤이 살았던 에번리는 모드가 살았던 캐번디시를 모델로 하고 있어. 캐번디시에 가면 앤이 살았던 그린 게이블즈(초록 지붕 집)가 진짜로 있대. 그곳은 사실 모드의 사촌 소유의 집인데 그곳에 머물면서 글을 썼대. 물론『빨간 머리 앤』도 그곳에서 쓴 글이고 말이야. 지금은 전세계의『빨간 머리 앤』팬들이 모여드는 프린스 에드워드 아이랜드 최고의 관광 명소가 되었지.

그린 게이블즈에 가면 앤이 살았던 1800년대 후반의 모습을 그대로 복원한 집을 볼 수 있다고 해. 또 책 속에 나오는 '귀신 들린 숲(Haunted Woods)'과 '도깨비 숲(Balsam Hollow)' 산책로도 걸어볼 수 있고 말이야.

재인아, 고전을 읽으면 읽을수록 자꾸만 가고 싶은 곳들이 많아진다. 아무래도 우리의 '버킷 리스트'에 '프린스 에드워드 아일랜드 가기'도 넣어야 할 것 같지?

엄마, 매슈 아저씨와 마릴라 아주머니는 영국인인데 왜 캐나다에 살고 있는 거야?

이 이야기를 하려면 캐나다의 역사를 이야기해야 할 것 같은데 괜찮겠어? 재인이 역사는 별로 안 좋아하잖아(웃음).

캐나다는 원래 아메리카 원주민들이 거주하고 있던 곳이었어. 그런데 1600년대에 유럽 국가들이 앞다투어 신대륙 정벌에 나서잖아. 이때 프랑스가 가장 먼저 캐나다 지역으로 진출해서 지금의 퀘벡 지역을 개척했어. 그 이후 한발 늦게 영국도 캐나다에 진출하게 되었고, 두 나라는 동시에 캐나다를 식민지로 두게 되었지. 무려 160여 년 동안이나 공동 지배했다고 해. 그러다 1763년 두 나라 사이에 전쟁이 일어나. 이 전쟁은 무려 7년이나 지속되었지. 결과는 영국의 승리.

전쟁 이후 캐나다에 사는 프랑스인들의 삶은 어땠을까? 영국인이 영토를 모두 자치하고 지배 계급도 영국인이었을 테니 전쟁에 패한 프랑스인들은 허드렛일을 하는 노동자나 가정부 같은 하층민이 될 수밖에 없었을 거야.

자, 정리하면 매슈 아저씨와 마릴라 아주머니는 영국에서 온 이민자였거나, 이민자의 후손이었겠지?

그리고 매슈 아저씨가 앤을 돌려보내자는 마릴라 아주머니에게 이렇게 말하잖아. 앤은 그냥 두고 프랑스 남자 아이를 따로 구해서 일을 시키자고. 당시의 시대적 배경을 알고 나니 왜 프랑스 아이를 쓰려고 했는지 이해가 가지? 미니메이가 아팠던 장면에서 등장하는 다이애나 집에서 일하는 영 메리 조가 프랑스인으로 그려지는 것도 캐나다 내의 주도권이 영국에 있다 보니 그런 설정을 했을 거고.

당시 역사를 알면 이야기가 더 섬세하게 읽히는 거 같아. 그런 의미에서 세계사 공부 같이 시작해 보는 거 어때? 거절은 미리 사양할게(웃음).

우리가 함께
세계 여행을 간다면

80일간의 세계 일주

Le Tour du monde en quatre-vingts jours

Jules Verne **쥘 베른**

『80일간의 세계 일주』를 같이 읽자고 했을 때 재인이는 읽기를 꺼려했어요. 재미있다, 네가 좋아하는 모험물이다, 하며 설득했지만 쉽게 마음을 열지 않더라고요. 그러다 저에게 책 선택권이 왔을 때 고민 없이 이 책을 골랐습니다. 처음엔 투덜거리며 책을 펼쳤던 재인이였는데, 책을 다 읽고 나서의 표정을 보니 무척 신이 나 있더군요. 『80일간의 세계 일주』는 그런 책입니다. 지루할 것 같지만 막상 읽어 보면 손에 땀을 쥘 만큼 흥미진진한 책!

『80일간의 세계 일주』의 주인공 필리어스 포그는 매우 이성적이고 무척 계획적인 사람이죠. 포그를 미남으로 유명한 영국 시인 바이런에 빗댄 걸로 보아 매우 잘생긴 남자인 것 같습니다. 이 남자의 일상은 무척 단조롭습니다. 집과 개혁클럽만 오가죠. 그러던 이 남자가 친구들과 내기를 합니다. 삶에 충동이라고는 1그램도 없을 것 같은 사내인데, 대뜸 내기에 응합니다. 하지만 이 남자는 다 계획이 있었어요. 애초에 질 것 같은 게임엔 뛰어들지 않습니다. 필리어스 포그는 파워 J 같아요.

철저하고 치밀한 성격의 포그이지만 세계 일주는 변수 투성이! 계획대로 되지 않죠. 그는 생각하지 못한 문제를 물리치고 뜻밖의 교통수단을 이용하며, 80일 안에 여행을 마치기 위해 노력합니다. 인도에서는 화형 당할 위기에 처한 젊은 부인을 구출하는가 하면, 미국에서는 인디언의 습격을 받기도 하고, 대서양에서는 배를 부수어 연료로 사용하는 등 손에 땀을 쥐게 하는 사건 사고가 끝없이 발생합니다. 설상가상으로 그 와중에 도둑 누명까지 쓰고 말이에요. 과연 포그는 80일간의 세계 일주를 무사히 마칠 수 있을까요?

『80일간의 세계 일주』는 출간된 지 150여 년이나 되었지만 지금도 전세계에서 가장 많이 번역되는 작품 중 하나입니다. 이 책은 아슬아슬한 모험에, 배꼽 잡는 유머, 추리와 로맨스까지 다채로운 매력이 겹겹이 있는 소설이며, 책이 쓰일 당시 세계의 모습도 짐작해 볼 수 있는 책입니다.

특히 서로 판이하게 다른 성격의 필리어스 포그와 프랑스인 하인 파스파르투의 대조적인 모습이 관전 포인트!

『80일간의 세계 일주』의 주인공 필리어스 포그는 꽤나 이성적이고 치밀한 사람이야. 일상을 꼼꼼하게 계획하고 주변을 정확하게 정돈하는 사람이었지. 엄마 생각이지만, 프랑스 작가인 쥘 베른이 주인공을 프랑스인이 아닌 영국인으로 설정한 건 아마 포그의 이런 성격을 조금 더 극적으로 보여주기 위해서 일 것 같아.

주인공 필리어스 포그는 80일간의 세계 일주를 떠나게 돼. 재인아, 어쩐지 안 어울리는 것 같지 않니? 면도용 물이나 마시는 물까지 매번 같은 온도의 물을 사용할 정도로 철두철미한 성격의 포그와 세계 여행이라니 말이야. 엄마에게 세계 여행은 자유로움의 대명사 같은 느낌이거든. 지루한 일상과 갑갑한 역할의 굴레에서 벗어나 전세계 구석구석을 누비며 현지인과 소통하고 하루 24시간의 주인이 되어 사는 삶, 그게 바로 세계 여행 아니겠어? 그래서 엄마는 보헤미안 느낌의 주인공을 떠올리며 이 책을 펼쳤는데 책 속엔 엄마의 생각과 전혀 다른 인물이 등장했어.

필리어스 포그는 개혁클럽 회원들과의 내기를 계기로 세계 일주를 떠나게 돼. 80일이면 세계 일주를 할 수 있다는 데 2만 파운드를 건 포그와 그건 절대 불가능하다는 데 각각 4천 파운드를 건 개혁클럽 회원들 간의 내기였지.

당시는 비행기도 차도 없던 시절이거든. '배와 기차에만 의존해 과연 80일 만에 세계 일주를 마칠 수 있을까' 의구심이 들기도 했지만 정확한 성격의 주인공답게 모든 변수들을 고려해 계획했다고 하니 믿어 볼 수밖에.

철두철미한 포그의 성격과 달리 그의 여행은 다이나믹 그 자체였어. 도착하는 도시들마다 사건과 사고가 발생해. 같이 동행한 프랑스인 하인 파스파르투는 포그와 달리 상당히 외향적이고 즉흥적인 사람이었는데 그가 가끔 어이없는 사고를 치는 바람에 일촉즉발 상황에 처하기도 하고, 형사인 픽스는 포그를 영국 은행을 턴 도둑으로 오인하여 그의 여행에 곤란한 일을 만들기도 하지.

근데 있지, 재인아. 엄마 생각엔 말이야. 여행이란 본래 그런 것 같아. 아무리 계획을 세운다고 해도 뜻밖의 일과 마주할 수밖에 없어. 일상 속의 계획도 철두철미하게 지키기란 여간 어려운 일이 아닌데, 하물며 낯선 여행지에서의 계획은 애초에 그대로 지키는 것 자체가 불가능한 일이지 않을까? 누구를 만나 어떤 일이 벌어질지 모르거니와 뜻하지 않게 몸이 아플 수도 있고, 날씨가 생각과 다를 수도 있거든. 모든 게 변수 투성이!

포그가 계획한 세계 일주는 영국의 런던을 출발하여 프랑스의 파리, 이집트의 수에즈, 예멘의 아덴, 인도의 봄베이(뭄바이)와 캘커타(콜카타)를 거치고, 싱가포르와 홍콩, 일본의 요코하마, 미국의 샌프란시스코와 뉴욕, 영국의 리버풀을 지나 다시 런던으로 돌아오는 긴 여정이었어.

그 여정 동안 포그는 기차가 끊겨 코끼리를 타기도 하고, 배에서 배로 갈아타기도 하고, 썰매를 타고 이동하기도 하고, 해적이 되기도 하지. 그뿐이 아니야. 불행에 빠진 여인을 구하기도 하고, 법정에 서기도 하고, 총을 들고 결투를 하기도 하고 심지어 배의 연료가 부족해서 선장에게 배를 사서 배의 일부를 태워가며 항해를 마무리하기도 해.

매사에 '다 계획에 있던 일입니다.' '이 또한 생각했던 변수입니다.' 하고 신중하고 차분했던 포그가 이 정도였으니 아마 일반적인 사람의 여행이란 어떨지 상상이 가지? 다시 한 번 말하지만, 여행은 예측 불가능이란 말씀!

근데 여행에 있어 재미있는 게 무엇인 줄 아니? 시간이 지나고 나면 계획했던 일보다 그 골칫덩어리 변수가 더 큰 추억이 된다는 점이야.

길을 잃고 헤매다 발견한 골목의 멋진 풍경, 우연히 만난 다른 여행자와의 대화, 맛집을 찾아갔다 줄이 너무 길어 포기하고 대신 들어간 식당의 뜻밖의 별미……. 이런 계획하지 않은 즐거움은 추억이란 이름으로 우리 마음속에 오래오래 머물지. 추억은 절대 계획할 수 없는 여행의 우연한 선물이야.

포그도 그랬을 거야. 결국 포그는 우여곡절 끝에 내기에 이기게 돼. 포그는 이 여행이 끝난 뒤 내기에 이긴 걸 중요하게 생각했을까?

아마도 결코 아닐 걸? 사랑하는 아내 아우다 부인과의 운명

적 만남, 고용된 지 하루만에 세계 여행을 함께했던 파스파르투의 충성스러움(다소 사고뭉치였던 감이 없지 않아 있지만), 자신을 도둑으로 몰았던 어처구니없는 픽스 형사의 오해를 떠올리며 가끔씩 피식 웃곤 하지 않을까 싶어.

엄마는 언젠가 재인이와 포그와 파스파르투처럼 여러 나라를 여행을 하고 싶어. 세계 일주는 아니더라도, 각자 가고 싶은 나라와 도시를 골라 차례로 방문하고 싶어.

너의 여행 스타일은 어떨까? 하나부터 열까지 계획하는 포그 스타일일까, 계획없이 그날 그날의 날씨와 기분에 맞춰 움직이는 걸 선호하는 파스파르투 스타일일까? 미리 말해두겠는데 엄마는 후자야.

그런데 네가 어떤 스타일이어도 상관없어. 엄마가 좀 아까 이야기했지? 계획을 하던 계획을 하지 않던 여행이란 생각보다 내 마음대로 되는 게 없거든. 그래서 재미있고, 그래서 피곤하지만, 그래서 또 가고 싶지.

엄마는 재인이가 여행지마다 다른 공기의 차이를 느낄 만큼 예민한 감각을 가지고 있지만, 현지의 누구와도 스스럼없이 어울리는 포용력 있는 그런 여행자로 자라면 좋겠다. 이 두 가지만 있으면 어딜 가든 너만의 즐거움을 찾게 될 거라고 엄마는 생각해.

엄마도 그런 여행 동반자가 될게.

– 너와의 세계 여행을 꿈꾸는, 엄마가

엄마에게

엄마, 나는 이 책을 보고 『셜록 홈즈』가 떠올랐어. 아마 책 표지 그림 때문이었나 봐. 엄마도 알지, 나 『셜록 홈즈』 별로 안 좋아하는 거? 그래서 솔직히 이 책도 기대가 안 되고, 엄마가 진짜 재미있다고 몇 번을 추천했는데도 읽기 싫었어. 그런데 막상 읽어 보니까 생각보다 재미있더라.

처음부터 엄청 재미있었다기 보다는 읽으면 읽을수록 흥미로워서 계속 읽을 수밖에 없었달까? 처음에서 중반부, 중반부에서 후반부, 후반부에서 엔딩으로 가면 갈수록 점점 더 재미있어서 마지막 100페이지 정도는 단숨에 읽었어.

엄마가 전에 포그 씨랑 나랑 닮았다고 했잖아. 엄마가 왜 그렇게 생각하는지는 알겠어. 나랑 포그 씨랑 mbti가 같을 거 같

66

긴 해. 하지만 포그 씨는 나랑은 비교도 안 되는 완벽한 완벽주의자야. 내가 그냥 INTJ라면 포그 씨는 INTTTTTJJJJJ라고나 할까? 참고로 T와 J를 다섯 번씩 쓴 거 실수가 아니야. 그 정도로 이성적이고 계획적이라고(그런데 기차를 놓칠 수도 있는 상황에서 아우다 부인을 구한 것보면 아주 아주 아주 작은 소문자로 된 f의 성향도 있는 거 같아).

그에 반해 포그 씨의 하인인 파스파르투는 주인과 정반대야. 충동적이고 감정에 자주 치우쳐. 그런데 파스파르투도 대단한 게 어떻게 그렇게 완벽하고 완벽하고 완벽한, 완벽 그자체인 주인과 함께 일했을까? 본인은 가스등을 켜고 세계 일주를 갈 정도로 허술한데 말이야. 나는 포그 씨랑 같이 한 일주일? 아니 하루? 아니, 아니 단 한 시간만 일해도 갑갑할 것 같아.

생각해 보면 우리 가족들도 포그 씨와 파스파르투만큼이나 성격이 달라. 나랑 아인이는 완전 반대 성향이고, 엄마랑 아빠도 서로 다르잖아. 그런데도 한 집에서 사이좋게 지내는 걸 보면 꼭 비슷한 사람들만 친한 건 아닌 거 같아(물론 나랑 아인이는 하루에 다섯 번 씩은 싸우지만). 포그 씨랑 파스파르투도 비슷한 거겠지?

『80일간의 세계 일주』를 읽으며 나도 세계 여행을 하는 상상을 해봤어. 내가 만약에 세계 여행을 한다면, 나는 스위스, 포르투칼, 일본은 반드시 갈 거야.

일단 스위스는 내가 좋아하는 책 중 하나인 『하이디』의 배경이잖아. 하이디처럼 알프스에서 뛰어놀고 싶어. 게다가 책에서 봤는데 스위스는 치즈가 유명한 나라래. 나는 치즈가 들어간 음식은 다 좋아. 스위스에 가서 치즈가 들어간 음식을 잔뜩 먹고 싶어. 특히 치즈 퐁듀는 꼭 먹을 거야.

그리고 포르투칼! 여기는 다른 이유 없어. 내가 사랑하는 화상 영어 선생님이신 빅토리아 선생님이 계시잖아. 선생님이 영국에 계실 땐 영국에 가고 싶었는데 얼마 전에 포르투칼로 이민 가셨대.

마지막으로 일본! 일단 유니버설 스튜디오에 가야 하고 산리오 캐릭터숍도 갈 거야. 엄마도 알지? 나랑 아인이가 가장 좋아하는 음식이 뭔지! "뭐 먹고 싶어?"라는 질문에 열 번 물어봐도 우리는 열 번 다 "초밥!"이라고 말하잖아. 일본은 섬나라여서 생선도 많고 초밥도 유명하잖아. 연어초밥, 새우초밥, 계란초밥...... 으아, 진짜 맛있겠다!

만약 포그 씨처럼 어마어마한 내기 금액이 걸려 있어도, 일정이 아무리 빠듯해도 스위스, 포르투칼, 일본에선 반드시 각각 사흘 이상은 머무를 거야! 그러니까 엄마, 빨리 가야 한다고 재촉하면 안 돼!

엄마는 세계 여행할 때 가장 타 보고 싶은 교통수단이 뭐야?

이 책에서는 탈 수 있는 건 진짜 다 탄 거 같아. 기차와 배는 물론이고 썰매에 코끼리까지! 나도 세계 여행을 간다면 다양한 교통수단을 이용할 거야. 물론 우린 포그 씨와 달리 비행기도 있고 차도 있는 세상에서 살고 있지만 빠른 것보단 신기하고 재미있는 걸 탈 거야.

러시아에선 포그 씨 처럼 기차와 썰매를 이용하고, 유럽에서는 전기 자전거를 타고 싶어(전에 세종시 여행할 때 탔잖아. 진짜 재미 있었어). 유럽에는 내가 보고 싶은 문화유산이 많으니까 자전거를 타고 천천히 여행할 거야. 아프리카에서는 더우니까 버스나 기차를 탈 거야. 대신 아프리카 대자연을 구경해야 하니까 천천히 가는 걸로. 어느 나라에 가든 그 나라에서만 경험할 수 있는 교통수단이 있다면 꼭 탈 거야.

내가 아인이한테 세계 여행할 때 뭘 타고 싶냐고 물어봤는데 아인이는 말을 타고 가고 싶대. 썰매는 어떻겠냐고도 물어 봤는데, 무조건 말이래. 아무래도 우리 가족은 세계 일주하는 데 80일 가지고는 어림없겠어.

아, 상상만 했는데도 너무 행복하다. 나중에 엄마랑 아빠랑 아인이랑 꼭 하고 싶어 세계 일주!

만약 가게 된다면 계획은 내가 세울게.

우리 집에선 내가 가장 포그 씨랑 닮았으니까!

– 세계 일주를 꿈꾸는, 재인이가

"정직한 영국인은 내기처럼 진지한 일을 할 때
절대로 장난을 하지 않아요.
난 80일간 다시 말해 1,920시간,
분으로 11만 5,200분 안에 세계 일주를 하는 데
2만 파운드 걸고 내기하겠습니다. 받아들이겠습니까?"

『80일간의 세계 일주』, 쥘 베른, 김주경 옮김, 시공주니어, p.36

○ 엄마, 포그 씨가 살던 시절에는 지구 한 바퀴를 도는 데 왜 이렇게 오래 걸렸어?

오래 걸리다니! 당시에 80일 만에 지구를 한 바퀴 돈 다는 것은 엄청난 일이었어. 최초로 세계 일주에 성공한 것으로 꼽는 마젤란 함대가 지구 한 바퀴를 도는 데 3년이 걸렸다고 해. 1519년 9월에 떠나 1522년 9월에 돌아왔거든. 80일이면 마젤란이 걸린 시간의 14분의 1밖에 안 되니 엄청난 파격이지. 물론 그때보다 교통수단이 훨씬 발달했으니 당연히 3년은 안 걸리겠지만, 당시 대부분의 사람들이 적어도 3개월은 걸릴 거라고 생각했거든.

그런데 80일만에 세계 일주를 할 수 있다고 호언장담했으니, 필리어스 포그가 얼마나 용감한 발언을 했는지 짐작할 수 있겠지?

포그가 그렇게 당당할 수 있었던 건, 당시 대서양을 횡단하는 기선의 정기 노선과, 대륙을 횡단하는 열차 노선들이 속속 생기고 있었기 때문이야. 당시엔 비행기도 자동차도 없던 시절이야. 책에서 나온 포그의 계획에서 알 수 있듯 오로지 기선과 철도에만 의존하거든(물론 책 속에선 계획과 달리 코끼리, 열차 등 온갖 탈 것을 타지만).

이 책이 나온 게 1872년인데 만약 40년만 일찍 쓰였어도 '80일간의 세계 일주'가 아니라 어쩌면 '18개월간의 세계 일주'라는 제목이었을지도 모른다는 기사를 본 적이 있어. 기선의 대서양 횡단 정기 노선은 1838년, 미국의 횡단 철도가 1869년, 인도의 횡단 철도가 1870년, 수에즈 운하가 1869년에 각각 개통되었으니까.

지금 우리는 비행기를 타고 이동할 수 있으니, 사흘에서 나흘이면 포그가 갔던 나라들을 경유하며 지구 한 바퀴 너끈히 돌겠지만 당시로서는 파격 그 자체인 발언이었다는 거, 이제 알겠지?

엄마, 쥘 베른은 프랑스 작가인데 왜 주인공을 영국 사람으로 했을까?

이것도 시대 상황을 생각해 보면 이해할 수 있어. 당시에 세계 여행을 수월하게 하려면 프랑스인보다는 영국인인 게 더 나았을 거야.

일단 우리가 했던 여행들을 떠올려 볼까? 국내를 여행할 땐 어디를 가든 제재가 없잖아. 우리가 누구인지, 어디서 왔는지, 왜 왔는지 불러 세워서 묻는 경우는 극히 드물지. 하지만 해외라면 어떨까? 까다로운 입국심사를 통과해야 해. 가지고 있는 여권과 동일인이 맞는지, 가지고 들어가서는 안 되는 물건은 없는지, 범죄 사실은 없는지 등을 확인해야 하잖아.

지금과 완전히 같다고는 할 수 없지만, 당시에도 비슷하지 않았을까? 아무래도 자국을 여행하는 게 편했을 거 같아. 그래서 주인공을 '영국인'으로 설정한 거지. 당시 영국은 '해가 지지 않는 나라'라고 불렸어.

해가 지지 않는다니, 무슨 뜻일까? 유럽에 있는 영국이 밤이 된다고 해도 다른 대륙에 있는 영국의 식민지는 낮일 테니까 하루 종일 영국에 해가 떠 있다는 거지. 그만큼 세계 곳곳에 식민지가 많다는 뜻이겠지? 포그가 여행했던 코스를 생각해 봐. 인도와 홍콩 등은 당시 영국의 식민지였잖아. 그러니 영국인인 게 여행에 조금 더 편하지 않았을까?

만약 프랑스인을 주인공으로 설정했다면 아프리카 대륙 쪽으로 돌아가는 다른 코스를 선택했을지도 모르겠다. 당시 프랑스 식민지 국가들을 고려해서 말이야.

그리고 철두철미한 주인공의 성격을 강조하기 위해 포그를 영국인으로 설정한 게 아닌가 싶어. 다른 영화나 책 속에서도 영국인은 어딘가 좀 이성적이고 실리적인 성격으로 나오거든. 이건 엄마 생각!

나도 언니가
있었으면 좋겠다

작은 아씨들

Little Women

Luisa May Allcott **루이자 메이 올콧**

혹시 언니 있으신가요? 저는 예전부터 언니 있는 친구들이 참 부러웠는데요.『작은 아씨들』에는 멋진 언니들이 대거 등장합니다. 책 속 자매들은 이 책을 쓴 루이자 메이 올콧의 자매들과 자기 자신을 모델로 하고 있다고 해요.

『작은 아씨들』은 총 4권으로 이루어진 시리즈입니다.1868년에 1권이 출간된 후 큰 인기를 얻었는데, 독자들로부터 책 속 자매들을 결혼시켜 달라는 뜨거운 요청을 받았다고 해요. 이에 힘입어 다음 해 2권『좋은 아내들(Good Wives)』이 출간되어 베스트셀러가 되었으며, 그 이후 3권『작은 신사들(Little Men)』과 4권『조의 아이들(Jo's Boys)』까지 연이어 출간되었습니다. 저랑 재인이는 1권만을 같이 읽었습니다.

『작은 아씨들』은 무려 여덟 번이나 영화화가 되었다고 해요. 전세계적으로 얼마나 인기가 많은 작품인지 짐작이 되시죠? 저와 재인이도 책을 다 읽고 난 후 그레타 거윅 감독의 2019년도 작품을 함께 보았습니다(책을 읽은 후 영화 등 영상물의 활용에 관해서는 239쪽에서 자세히 다루었습니다).

저와 재인이는 시리즈 중 1권만 읽고 영화를 봤는데, 영화에서 1권과 2권의 내용을 동시에 다루고 있어서 자연스럽게 2권에도 관심이 생겼어요. 그래서 추가로 2권도 같이 읽기로 계획을 했습니다만, 재인이도 저도 끝까지 읽지는 못했어요.

어떻게 모든 책을 다 재미있게 끝까지 읽을 수 있겠어요. 가끔 멤버 요청에 의해 완독하지 못하고 다음 책으로 넘어가는 경우도 있었노라 고백합니다. 재인이가 요청하기도 하고, 때론 제가 "이 책은 정말 내 취향이 아니야!" 하고 아우성치기도 했죠.

하지만 상대가 "아니야, 재미있는 내용이 아직 안 나온 거야. 뒤로 가면 이런 이런 내용이 있어." 하고 설득하면 그게 뭔지 궁금해서 조금 더 읽고, 그러다 언제 읽기 싫었냐는 듯 완독을 하기도 했어요. 이게 바로 같이 읽는 힘이겠죠?

엄마가 재인이 나이 무렵이었을 거야. 엄마는 간절히 가지고 싶은 것이 하나 있었어. 결코 가질 수 없다는 걸 알면서도 절대 포기가 되지 않는 것이었지. 그건 바로 '언니'. 세상에, 여동생도 아니고 언니를 가지고 싶다니 할머니가 얼마나 황당하셨을까? 근데 있지, 엄마는 진심이었어. 아마도 이 책 때문이었던 거 같아, 『작은 아씨들』!

메그처럼 넓은 마음으로 언제나 내 편이 되어주는 언니, 조처럼 자신의 꿈을 향해 용기 있게 도전하는 언니, 따뜻한 마음으로 남을 먼저 생각하는 베스 같은 언니가 있었으면 했어. 원하고 또 원했지. 그런 언니들을 가진 마치 가의 막내 에이미가 엄마는 정말로 부러웠어. 네 자매가 모여서 노닥노닥 이야기를 나누는 모습이 나올 때마다 얼마나 좋아 보이던지.

그런데 이 네 자매를 부러워했던 건 비단 엄마만은 아니었나 봐. 150년 전에 출간된 『작은 아씨들』은 영화로 무려 여덟 번이나 제작되었고, 애니메이션으로도 만들어진 적이 있을 정도로 전세계적으로 큰 인기를 얻었거든.

『작은 아씨들』을 읽을 때마다 느끼지만, 캐릭터 하나 하나가 개성 있고 살아 있어. 당장이라도 미국 뉴잉글랜드에 가면 네 자매를 만날 수 있을 것만 같달까? 그도 그럴 것이 이 소설은 사실 작가인 루이자 메이 올컷의 자전적인 소설이래. 메그, 베스, 에이미는 루이자의 실제 자매인 애나, 엘리자베스, 메이를 모델로 하고 있고, 마치 부부는 루이자의 부모인 올컷 부부가 모델이었다고 해. 둘째 조는 작가인 루이자 자신이고 말이야.

엄마는 네 자매 중 누구 하나도 마음이 안 가는 캐릭터가 없어. 가난하지만 다른 사람들을 먼저 살필 줄 알고, 멋진 옷은 없지만 어떻게 해야 자신이 빛나는지 알고, 자신을 믿고 용감하게 도전할 줄 알고, 시간을 풍요롭게 가꿀 줄 아는 네 자매의 이야기는 사랑하지 않을 수가 없지. 네 자매는 때로 힘든 일에 빠지기도 하지만 그때마다 서로 위로가 되어 주며 씩씩하게 이겨내고 성장해 나가. 엄마는 그런 작은 아씨들이 참 예쁘더라.

자매란 그런 거 같아. 때로 치열하게 싸우기도 하지만 결정적인 순간엔 가장 든든한 편이 되어 주는 존재. 엄마가 왜 그토록 언니를 바랐는지 이해가 가지? 요즘도 언니, 아니 언니가 꼭 아니더라도 여자 형제들과 가까이 지내는 친구들을 보면 '자매가 있으면 참 좋겠다' 싶고 부러워. 엄마는 재인이도 부러운데? 재인이는 귀여운 여동생 아인이가 있잖아. 지금은 둘이 많이 싸우지만 나중에는 서로에게 둘도 없는 보물 같은 존재가 될 테니 두고 보라고, 엄마 말이 맞는지 틀리는지.

그런데 재인아, 이번에 너와 함께 『작은 아씨들』을 다시 읽고 엄마에겐 어려서와는 다른 소망이 생겼어. 이번에도 쉽지만은 않겠지만 전과 다른 건, 전에 바랐던 소원은 절대로 불가능한 것이었다면, 이번엔 엄마 하기에 달렸다는 것? 노력하면 어쩌면 이룰 수 있을지도 모른다는 것? 엄마의 새로운 소망이 뭐냐면 '마치 부인 같은 엄마가 되는 것'이야.

그 장면 기억 나니? 연극을 보러 갈 때 자신을 데려가지 않는 언니 조에게 매우 화가 난 에이미가 조의 소중한 원고를 불태워 버리잖아. 조가 오랫동안 작가를 꿈꾸며 써온 글이 담겨 있는 원고였지. 이에 조는 크게 화가 나서 사과하고 싶어하는 에이미를 무시하고 로리와 스케이트를 타러 가. 에이미는 그런 조를 졸졸 따라가고 말이야. 그러다 실수로 에이미가 물에 빠져. 다행히 큰일은 나지 않았지만 빨리 발견하지 못했다면 자칫 위험할 수 있는 아찔한 상황이었어. 에이미가 잘못을 한 것은 사실이지만 엄마는 조가 너무 매정했다는 생각도 들었어.

조도 같은 마음이었던 걸까? 조는 잔뜩 풀이 죽어서 스스로를 자책하고 자신의 어리석음을 반성하며 마치 부인에게 묻지. 어떻게 하면 화를 참을 수 있냐고 말이야.

엄마 같으면 왜 그랬냐고, 왜 그런 위험한 상황을 만든 거냐고, 어린 동생을 큰 위험에 처하게 한 조를 호되게 야단쳤을 것 같은데 마치 부인은 이렇게 이야기했어.

"엄마도 성질을 고치는 데 사십 년이 걸렸어. 겨우 성질을 다스리는 데만 성공했지. 사실은 이제까지 살면서 화가 나지 않은 날은 하루도 없단다. 조. 하지만 화가 난 티를 내지 않는 법을 배운 거야. 화가 나지 않는 법은 아직 배우지 못했지만. 그걸 배우려면 앞으로 사십 년이 더 걸릴지도 모르겠구나."

『작은 아씨들1』, 루이자 메이 올컷. 황소연 옮김. 비룡소. p.176

마치 부인은 조를 꾸짖기 보단 조를 이해하고 조에게 공감했어. 화를 참는다는 것은 어려운 일이고, 자신도 잘 되지 않아 아직 노력하고 있다고 이야기해. 엄마로서, 어른으로서 자신의 약한 모습을 보이는 게 쉬운 게 아니라는 거 엄마는 잘 알고 있거든. 그래서 마치 부인이 참 멋지고 대단해 보였어.

마치 부인의 솔직한 이야기를 통해 조는 그 어떤 조언보다 더 크게 배우고, 그 어떤 책망보다 더 크게 반성을 했을 거야. 마치 부인, 참 현명하지 않니?

네 자매가 가난한 환경에서도, 아버지가 전쟁터에 나가 부재한 상황에서도 자신의 모습을 잃지 않고 밝게 자랄 수 있었던 것은 마치 부인의 노력 덕분이라고 생각해.

마치 부인은 참 지혜로운 엄마였어. 마치 부인이 있으면 집안 전체가 반짝반짝했지. 단순히 살림을 잘한다는 의미가 아니야. 함께 있는 사람들이 빛을 잃지 않도록 쉼 없이 비춰주는 등불 같은 존재랄까.

딸들에게 화려한 집, 멋진 옷보다 더 중요한 게 무엇인지 일깨워 주었고, 어려운 형편 속에서도 불쌍한 이웃을 향한 시선을 거두지 않았어. 아무리 바쁘고 힘들어도 따뜻한 벽난로 앞에서

딸들과 담소와 웃음을 나누는 여유도 잃지 않았지. 마치 부인의 응원 덕에 네 자매는 꽃처럼 아름답게 성장할 수 있었던 거라고 생각해.

　엄마도 재인이에게 마치 부인 같은 엄마가 되어 주고 싶어. 물론 지금은 많이 부족하지만 엄마도 하루 하루 성장하고 있어. 초보 엄마, 신입 엄마에서 지금은 조금 경력이 쌓인 상태? 하지만 아직 전문가는 아니야.

　마치 부인이 성질을 다스리는 데 40년이 걸렸고, 화를 느끼지 않는 데는 앞으로 40년 더 거릴 거 같다고 했지? 엄마도 마찬가지야. 시간은 좀 걸리겠지만 기대해. 마치 부인처럼 지혜로워질 엄마를!

　그나저나, 재인이는 『작은 아씨들』을 읽고 어떤 소망을 품었을까? 어떤 캐릭터에 가장 마음이 갔을까? 눈을 반짝이며 읽는 모습을 보니 재인이도 이 책에 푹 빠진 것 같은데 말이야. 재인이의 답장을 손꼽아 기다릴게.

　　　　　　　　　-마치 부인처럼 (곧) 멋져질, 엄마가

엄마에게

엄마, 나 『작은 아씨들』을 벌써 세 번째 읽고 있어. 나는 이 책이 너무 좋아. 네 자매가 다 마음에 들어. 동생들과 어머니를 잘 도와주는 착한 메그, 재미있고 글 잘 쓰는 조, 피아노 잘 치고 자기 할 일 꾸준히 하는 베스, 그림 잘 그리고 숙녀 같은 에이미. 엄마가 넷 중에 누가 가장 마음에 드냐고 묻는 바람에 너무 너무 고민이 돼. 누구를 고르지?

딱 한 명만 선택하고 싶지 않지만, 굳이 한 명, 0.01퍼센트라도 더 좋은 사람을 고르라고 하면 나는 베스! 근데 더도 말고 덜도 말고 딱 0.01퍼센트야!

난 피아노를 잘 치고 싶은데, 베스가 피아노를 잘 쳐서 베스로 정했어. 만약 내가 베스처럼 피아노를 잘 친다면 여러 사람들에게 자랑하고 싶을 것 같아.

그런데 엄마, 베스 정말 대단하지 않아? 매일 집안일을 하면서, 공부도 하고, 피아노까지 잘 치긴 정말 어려울 것 같은데 그걸 다 잘 해내니 말이야. 이런 걸 끈기라고 하나? 아님 지구력? 그런 면에서 난 베스가 참 멋져.

　엄마, 그런데 마치 부인을 닮고 싶다는 엄마의 도전이 과연 가능할지 나는 잘 모르겠어. 솔직히 좀 어려울 거 같아. 엄마가 마치 부인처럼 화를 안 내려면 엄마 혼자만의 노력으론 힘들 거 같거든. 나랑 아인이도 같이 노력해야 할 거야. 엄마는 주로 우리가 싸울 때 화내잖아. 우리는 안 싸우려고 노력하고, 엄마는 화를 내지 않으려고 노력하고, 이렇게 같이 노력하면 언젠가는 가능할지도 모르겠다. 우리도 좀 오래 걸리겠지? 마치 부인이 성질을 다스리는 데 40년이 걸리고, 화를 느끼지 않는 데는 앞으로 40년 더 걸릴 거 같다고 했잖아. 엄마는 43세에 시작했으니까 화를 느끼지 않으려면 123세? 나는 90세? 우리 오래 살아야겠다, 엄마.

　엄마는 지금까지 『작은 아씨들』을 몇 번 읽었어? 나는 축약본 책으로 한 번 읽고, 완역본으로 엄마랑 같이 한 번 읽고, 나

혼자서 또 한 번 읽고 이렇게 세 번 읽었어. 엄마는 나보다 훨씬 오래 살았으니까 더 많이 읽었겠지?

왜냐하면 이 책은 절대로 한 번만 읽을 수 있는 책이 아닌 거 같아. 읽고 나면 바로 또 읽고 싶어질 정도로 재미있어. 내 평점은 두구 두구 두구...... 10점 만점에 10점! 진짜 진~짜 재미있어! 작가님은 어쩜 이렇게 재미있게 쓰셨을까? 머릿속에 재미있는 게 가득하신가 봐. 한 챕터, 한 챕터가 다 재미있었어. 나 이 문단에서 '재미있다'를 다섯 번 이나 썼네. 어쩔 수 없어. 그 이유는 정말 재미있기 때문에.

앗, 이로써 일곱 번 썼네.

    – 엄마의 도전을 (의심스럽지만) 응원하는, 재인이가

"멋진 숙녀들도 우리보다 더 행복하지는 않을 걸. 비록 우리가 머리카락을 태워 먹고 장갑은 한 짝씩 나눠 끼고 꽉 끼는 구두를 신다가 발목을 삐는 바보들이긴 하지만."

『작은 아씨들1』, 루이자 메이 올컷, 황소연 옮김, 비룡소, p.79

엄마, 이 책을 쓴 루이자 메이 올컷 작가님은 어떤 분이야? 이렇게 재미있는 책을 쓰는 분은 어떤 분이었을지 궁금해.

거트루드 스타인, 조앤 K.롤링, 줌파 라히리…… 모두 유명한 작가들이야. 재인이도 조앤 K.롤링은 누군지 잘 알지? 이 작가들의 공통점이 하나 있어. 우리처럼 『작은 아씨들』의 열혈 팬이었다는 점!(재인이가 좋아하는 조앤 K.롤링 작가님이랑 재인이랑 통했네?)

150여 년 전에 나온 이 책은 사실 루이자 메이 올컷이 꼭 쓰고 싶었던 소설은 아니었대. 출판사에서 소녀들이 주인공인 책을 써달라고 해서, 생계를 위해 어쩔 수 없이 쓴 소설이 바로 『작은 아씨들』이야.

『작은 아씨들』의 네 주인공은 작가인 루이자의 네 자매를 모델로 하고 있어. 메그는 언니 애나, 베스와 에이미는 루이자의 동생인 엘리자베스와 메이가 그 주인공이지. 그리고 둘째인

'조'는 작가인 루이자!

조는 루이자의 분신과도 같은 존재였나 봐. 책 속 조의 이야기는 루이자의 이야기와 겹치는 부분이 참 많거든. 루이자는 조가 그랬던 것처럼 자매들과 헛간에서 연극을 공연하기도 하고, 경제적으로 어려운 상황에서 가족을 위해 머리카락을 팔기도 했고, 신문과 잡지에 글을 기고하며 돈을 벌고, 조가 뉴욕으로 떠난 것처럼 보스톤으로 떠나기도 했지. 이 정도면 '분신'이라는 표현이 과장은 아니지?

책 속 조가 출판사에 남자 같은 옷차림을 하고 가고, 자신의 글을 마치 자신이 쓴 글이 아닌 것처럼 이야기했던 장면 기억나니? 왜 그랬을까?

이 시기 미국의 여성들은 교육도 제대로 받지 못하고, 전문적인 직업도 갖지 않고, 그저 결혼하고 아이를 키우는 수동적인 삶을 살았다고 해. 그러니 사회에서 여성 소설가는 그리 환영받지 못했을 거야. 조도 그랬고, 루이자도 그랬겠지?

이런 사회적 상황에도 불구하고 『작은 아씨들』처럼 멋진 소설을 써내고, 자신만 행복을 꿈꾸고 스스로 찾아가는 능동적인 인물을 책을 통해 그려냈다는 것, 정말 멋지지 않니? 엄마는 당시 시대상을 떠올리니 이 책이 더 좋아진다.

네 자매의 아버지인 마치 씨는 군대에 소속되어 있는 목사인 종군 목사였어. 전쟁이 나면 무조건 나가야 했지. 당시 참전했던 전쟁은 '남북전쟁'! 미국에서 1861~1865년에 일어났던 전쟁이야. 나라와 나라 간의 전쟁이 아닌, 미국 내 남부 연합군과 북부 연방군 간의 전쟁이었어.

1783년에 영국으로부터 독립한 뒤로 미국의 남부와 북부는 서로 다른 방향으로 발전했어. 남부는 면화를 재배하는 농업 중심의 사회가 되었고, 이에 반해 북부는 공장에서 물건을 만드는 제조업이 발달했지. 이렇다 보니 남부와 북부는 몇 가지 사안에 대해 서로 다른 견해를 가지고 있었는데 특히 노예에 대한 입장이 판이하게 달랐어. 북부는 흑인들을 노예로 삼아 강제로 일을 시키는 것이 옳지 않다고 생각했지만 남부는 생각이 달랐어. 농업 중심이다 보니 농장에서 일할 노예가 필요했거든.

1861년 당선된 미국의 16대 대통령 링컨은 노예제도에 반대했어. 그러자 남부의 일곱 개 주는 자기들끼리 따로 나라를 만들겠다고 선언했고, 정부는 이를 허락하지 않았지. 이런 의견차를 좁히지 못하고 남부 연합이 공격을 시작했고, 미국 남북전쟁이 시작되었어. 5년간의 전쟁 끝에 결과는 북부의 승리였어. 노예제도는 폐지되었고, 이후 미국은 북부의 상공업을 중심으로 나라의 발전을 이루어 나갔어.

작가인 루이자 메이 올컷 또한 남북전쟁 중인 1862년에 자원입대하여 북군의 야전병원에서 간호병으로 복무한 경험을 가지고 있대. 이때의 경험을 바탕으로 쓴 소설이 『병원 스케치』(1863년)이고, 이 작품은 루이자 메이 올컷에게 작가로서 첫 성공을 안겨 주었다고 해.

너의 첫 번째
연애편지가 궁금해

키다리 아저씨

Daddy-Long-Legs

Jean Webster 진 웹스터

"엄마, 키다리 아저씨는 <슬기로운 의사 생활>에 나오는 안정원 선생님 아니야?"

『키다리 아저씨』를 같이 읽자고 하자 재인이가 가장 먼저 했던 말이에요. 맞습니다. 드라마 속 안정원 선생님은 치료비가 없어 치료를 받지 못할 상황에 처한 환자에게 '키다리 아저씨'라는 이름으로 금전적 도움을 주는 캐릭터였죠. '키다리 아저씨'는 이제 책 제목을 너머 '조건 없이 도와주는 넉넉한 마음의 후원자'를 지칭하는 관용 표현으로 쓰입니다.

혹시, 로맨스 소설이나 로맨틱 코미디 영화를 좋아하시나요? 그렇다면 『키다리 아저씨』는 완전 취향 저격이실 거예요. 저는 『키다리 아저씨』를 무척 좋아합니다. 그래서 재인이가 처음 읽는 연애소설이 『키다리 아저씨』였으면 좋겠다고 오랫동안 바라왔는데 바람은 이루지 못했어요. 재인이는 단둘이 북클럽을 하기 전에 『로미오와 줄리엣』을 읽었다고 하더군요.

이 책은 미국 작가인 진 웹스터가 1912년 발표한 소설이에요. 존 그리어 고아원에서 지내던 제루샤 애벗이 매달 후원자에게 편지를 보내는 조건으로 익명의 후원자에게 대학 진학 후원을 받게 됩니다. 제루샤는 자신의 이름을 스스로 '주디'라고 바꿔 부르고 후원자를 '키다리 아저씨'라고 지칭하며 편지를 써요. 키다리 아저씨에게 감사하는 마음은 물론 주디의 대학 생활, 미래에 대한 고민 등을 편지에 담습니다.

이 책은 제가 먼저 읽고 재인이가 다 읽기만을 기다렸는데, 기다리는 내내 책의 후반부에 숨겨진 반전을 말하고 싶어서 입이 근질근질했습니다.

단둘이 북클럽 멤버인 저와 재인이는 사실 책 취향이 상당히 다릅니다. 재인이는 남녀 간의 사랑 이야기보다는 일상 속에서 일어나는 마법이나 신비로운 일을 다룬 판타지를 좋아하고, 저는 그 무엇보다도 사랑 이야기를 좋아하는 사람인지라 이 책은 재인이보다 제가 훨씬 더 재미있게 읽었어요.

아이와 함께하는 북클럽이라고 항상 아이의 취향만 맞출 순 없죠. 같이 즐거워야 오래 함께할 수 있다고 생각합니다(웃음).

재인에게

고백할게, 재인아. 엄마는 사랑 이야기를 좋아해. 엄마는 초
등학교 때 순정만화에 푹 빠져 살았어. 한 달에 한 번씩 나오는
만화잡지를 구독했는데, 매달 발행일 전날에는 가슴이 두근거
려 잠이 오지 않을 정도였지. 중학교 땐 하이틴 로맨스 소설을
좋아했고, 고등학교 땐 일본 순정만화를, 대학교 땐 로맨스 영
화와 드라마를 탐닉했어. 빤한 스토리인데 엄마는 어쩜 그렇게
매번 예외 없이 가슴이 두근거리는지 모르겠어.

한번 상상해 볼래? 단발머리에 교복을 입고 교실 구석에서
설레는 표정으로 책장을 넘기는 엄마의 모습을 말이야. 엄마에
게도 그런 시절이 있었다니 잘 상상이 안 되지? 근데 사실은 말
이야, 엄마는 지금도 사랑 이야기가 참 좋아.

재인아, 키다리 아저씨 정말 멋지지 않니? 그런데 엄마는 그 멋진 키다리 아저씨만큼이나 주인공 제루샤 애벗, 아니 주디 애벗이 마음에 들어. 주디에겐 특별한 시선이 있거든. 책을 읽으며 주디의 시선을 따라 세상을 바라보고 있으면, 온 세상이 깜깜한 밤 노란 조명 아래의 풍경처럼 따스하게 느껴졌어.

주디는 존 그리어 고아원에서 어린 시절을 보냈어. 누군가의 관심과 사랑은 기대할 수 없는 그곳에서 주디는(당시는 제루샤) 자랐지. 그러다가 고아원을 나와야 할 나이가 되었고, 평의원 존 스미스 씨(이름을 밝히지 않고 가명을 쓴 아저씨)의 도움으로 대학에 가게 되었어. 남부럽지 않을 만큼 용돈도 받고 말이야.

남과 다른 어린 시절을 보냈던 주디에게 대학은 신세계와 같았어. 모르는 것 투성이, 힘든 것 천지였지만 그곳에서 주디는 친구들을 만나고 조금씩 성장해 간단다. 부유한 집안에서 태어난 친구들, 넘치게 여유로운 친구들을 보며 부러워하기도 했지만 이내 중심을 잡고 자신의 현재를 긍정하는 주디를 보며 엄마는 참 흐뭇했어. 엄마가 이 정도이니 편지를 받는 주인공인 키다리 아저씨는 말도 못했겠지?

재인아, 제루샤가 주디로 이름을 스스로 바꾼 것에 대해 어떻게 생각해? 엄마는 그런 주디가 참 근사해 보여. 주디는 자신의 이름을 스스로 정하고 당당하게 사용하며 삶을 능동적으로 바꿔 나갔어. 책의 초반에 자신의 이름을 바꿔 소개하는 주디를 보며 엄마는 알았지. 엄마가 앞으로 주디를 많이 좋아하게 되리라는 것을.

키다리 아저씨는 주디가 원하는 것이라면 뭐든 선물하고 용돈도 늘 넉넉하게 주시는 분이었어. 하지만 주디는 키다리 아저씨에게 의존하지 않았어. 과분한 선물이라고 생각되면 돌려보내기도 하고, 학비며 용돈을 거저 주는 돈으로 생각하지 않고 나중에 꼭 갚겠다고 다짐하고 또 다짐하지. 작가라는 꿈을 향해 용기 있게 도전하고 노력하는 모습도 얼마나 대견한지 몰라. 자신을 둘러싸고 있던 벽을 스스로 허물고 새로운 나만의 세상을 견고하게 쌓아 나가는 주디가 참 대단해. 주디의 말을 빌리자면 주디는 '참 멋진 여성 철학자' 같달까?

말이 나와서 말인데, 엄마는 주디가 겸손하지 않은 것도 참 좋더라. 물론 겸손은 미덕이야. 하지만 스스로를 칭찬할 수 있는 것도 대단한 장점이라고 생각해.

주디가 이렇게 자기 자랑을 할 적마다 엄마는 피식 웃음이 났
지만 그 당당함이 어찌나 예쁘던지…… 재인이도 나중에 그랬
으면 좋겠어. 누군가 재인이를 칭찬할 때 "뭘요, 아니에요. 아직
부족해요." 하기보다는 "감사합니다." 하고 스스로 인정할 줄
아는 아이로 자라면 좋겠어. 내가 잘하는 건 내가 먼저 칭찬할
줄 아는 당찬 아이라면 좋겠어. 엄마는 그러지 못했거든. 그래
서 아마 주디가 더더욱 근사해 보였나 봐.

이 책에는 키다리 아저씨 말고도 주디랑 관련된 남자 캐릭터
가 두 명 더 나와. 주디의 친구 샐리의 오빠인 지미 맥브라이드
와 줄리아 펜들턴의 막내 삼촌인 저비스 펜들턴(주디가 주로 저
비스 도련님이라고 부르던)이야. 재인아, 너도 나중에 알게 되겠지

만 사랑 이야기의 묘미는 이 다각 관계에 있단다(웃음).

엄마는 지금 입이 간질간질해. 너에게 소설의 결말을 이야기해주고 싶어서. 하지만 이걸 이야기하면 너는 "엄마 그렇게 중요한 걸 미리 이야기하면 어떡해!" 하고 화를 내겠지?(아주 큰 반전이 있거든). 몹시 이야기하고 싶지만 어른답게 참아볼게(임금님 귀는 당나귀 귀~). 어서 너와 이 부분을 두고 수다 떨고 싶다.

재인이도 연애소설을 좋아하게 될 날이 오려나? 지금은 관심 없다고 하지만 언젠가는 책을 읽으며 너에게 찾아올 사랑을 꿈꿀지도 모르지. 어떤 사랑을 하든 꼭 알아야 할 것은 말이야, 나답지 않은 사랑을 해서는 안 된다는 점이야. 상대를 배려하는 마음은 필요하지만, 무조건 맞추거나 하기 싫은 일을 억지로 할 필요는 전혀 없어. 어느 순간에도 삶의 주인은 '나'여야만 해. 그리고 이건 남녀 간의 사랑뿐 아니라 친구들과의 우정에서도 가족 간의 관계에서도 마찬가지야.

그런 면에서 주디는 이미 사랑의 고수인지도 모르겠어. 사랑을 위해 꿈을 포기하지도 않고, 자신을 상대에게 맞추지도 않고, 나다움을 지키며 사랑을 만들어 가잖아. 주디는 참 건강하고 튼튼한 마음을 가졌어.

『키다리 아저씨』가 재미있는 데는 편지라는 지극히 개인적인 글을 몰래 훔쳐보는 것 같은 은밀함도 한몫했겠지? 도입부 몇 장을 제외하고는 모두 주디의 편지로만 이루어져 있잖아. 물론 전부 연애편지처럼 쓰인 건 아니지만 연애편지만큼이나 설렜던 건 사실이야. 특히 뒤로 가면 갈수록.

엄마 생각에 주디는 나중에 훌륭한 작가가 될 거 같아. 왜냐하면 주디가 쓴 편지들이 기가 막히게 재미있었거든. 특히 키다리 아저씨에게 답장을 해달라고 다양한 방법으로 조르고 또 조르는 모습들이 참 귀여워. 내가 키다리 아저씨라면 단박에 넘어갔을 텐데, 키다리 아저씨는 꿈쩍도 안 하시더라고.

나중에 재인이도 연애편지를 쓰게 되겠지? 첫 번째 연애편지를 언제쯤 쓰려나. 아직 쓰이지도 않은 그 편지가 엄마는 몹시 궁금하고, 몹시 훔쳐보고 싶다. 주디의 편지만큼 솔직하고 당당했으면 좋겠어, 너의 그 편지가.

– 연애소설에 여전히 마음이 설레는, 엄마가

내 생각에 주디는 좀 독특하고 '퐁퐁 뛰는' 아이 같아. 퐁퐁 뛰는 게 뭐냐고? 그냥 내가 만든 말이야. 주디랑 잘 어울리지 않아? 주디에 대해 생각하다가 머릿속에 반짝 떠올랐어. 어떤 느낌을 말하는 건 줄 알지? 발랄하면서도 뭔가 좀 독특한 느낌!

키다리 아저씨에게 대놓고 "아저씨는 많이 늙으셨나요? 아니면 조금만 늙으셨나요? 그리고 완전히 대머리신가요? 아니면 약간 대머리신가요?" 하고 묻잖아.

고아원 원장님에게 했던 말 중엔 이런 말도 있지?

"그럴게요 원장님. 더이상 하실 말씀 없으시면 저는 가서 프레디 퍼킨의 바지를 꿰매 줘야겠어요."

다른 사람 눈치 안 보고 할말 다하는 주디가 나는 '퐁퐁 뛴다'고 생각해.

엄마는 주디가 자신의 장점을 인정할 줄 아는 아이라서 좋다고 했지만, 내 생각은 달라. 주디는 그냥 인정하는 수준이 아니야. 주디에게선 '겸손'의 기역도 찾아볼 수 없어. 겸손이 개미손톱만큼도 없어.

엄마 말처럼 스스로를 인정하는 것이 나쁘지는 않지. 하지만 그게 적당하면 '자신감'이지만 주디처럼 너무 커지고 커지면 자신감을 뛰어넘어 자만심이나 자기 자랑이 되어 버리잖아. 잘난 척이나 지나친 자랑은 솔직히 상대방의 기분을 상하게 할 수 있어서 난 별로야.

엄마는 주디가 스스로 삶을 개척해 나간다고 생각한다고 했지만, 나는 주디 자신의 노력만으로 이룬 것은 아니라고 생각해. 행운도 따라줬어. 내 기준에서 주디는 아주 큰 축복을 받은 것 같아.

내가 주디가 받은 축복들을 한번 정리해 봤어.

축복 1. 고아원에서 벗어나다!

축복 2. 대학에 가다!

축복 3. 어마어마한 양의 용돈을 받게 되다!

사실 이 세 가지 뿐만 아니라 더 있지만 가장 큰 축복이라고 생각되는 것만 적어 봤어. 이 세 가지는 주디의 노력으로 이룬 게 아니잖아. 누구에게나 오는 평범한 행운도 아니고.

엄마, 주디는 존 그리어 고아원에서 자랐잖아. 고아원은 작디 작은 세상이고. 근데 그 작은 세상에 살다가 처음으로 대학을 통해 넓은 세상으로 나왔는데 주디는 어떻게 그렇게 금방 적응했을까? 그동안 주디가 살았던 세상과는 완전히 달랐을 텐데 말이야. 나는 난생 처음 보는 것들로 가득 찬 세상은 생각만 해도 낯설고 불편한데…….

엄마 말대로 주디는 긍정적이고, 자기를 사랑할 줄 아는 아이였어. 상상력도 풍부하고 작가를 꿈꿀 정도로 감성적이고. 이 모든 주디의 장점이 적응을 빨리 할 수 있도록 도왔겠지? 나는 낯을 가리는 편이라 어디서든 쾌활한 주디가 좀 부럽기도 했어.

엄마, 내 연애편지가 궁금하다고 했지? 그런데 어쩌지? 나는 내가 남자친구가 생기는 게 상상이 안 돼. 지금으로선 남자 아이들이 좀 이상해 보여.

그래도 뭐 알 수 없는 일이지. 세상일은 아무도 모르니까.

전에 약속했던 것처럼 남자친구가 생기면 엄마에게 제일 먼저 이야기할게.

하지만 그런 날이 그리 빨리 오진 않을 테니 너무 기다리지는 말고(웃음).

— 퐁퐁 뛰는 주디가 (아주 조금) 부러운, 재인이가

엄마, 진 웹스터 작가님은 어떤 사람이었어? 왠지 주
디를 닮았을 것 같아.

이 소설의 작가에 대해 잠깐 이야기 나눠볼까? 진 웹
스터는 소위 말해 '금수저 집안'에서 태어났어. 아버지는 당대
최고의 소설가 마크 트웨인의 출판동업자였고, 엄마는 마크 트
웨인의 조카였으니까. 진 웹스터의 집안은 돈은 물론 명예까지
가지고 있는 탄탄한 집안이었지. 그런 좋은 가문 출신인 진 웹
스터가 고아가 주인공인 이야기를 쓰다니 좀 의외이긴 한데, 그
녀에 대해 조금 더 알고 나면 고개가 끄덕여질 거야.

진 웹스터는 배서 대학교를 졸업했어. 배서 대학교는 여자
대학교였는데 당시의 여성들로는 접하기 힘든 과학, 체육 등까
지 교육하는 앞서나가는 학교였지. 이곳에서 진 웹스터는 신식
교육을 받았고, 다니는 동안 비행 청소년 수용소나 고아원 등
사회 소외 계층에도 많은 관심을 가졌다고 해.

진 웹스터는 대학에서 새로운 여성상을 접하고 능동적으로

살아가는 법에 대해 배웠을 거야. 그래서일까? 졸업 후 진 웹스터는 스스로 돈을 벌었어. 당연한 이야기 아니냐고 할지도 모르겠지만 당시(1900년대 초반)에는 여성이, 그것도 상류층 여성이 스스로 돈을 버는 건 상당히 이례적인 일이었어.

재인이 말대로 어쩌면 소설 속 주디는 진을 많이 닮아 있는 것 같아. 능동적이며 적극적이고 현재에 안주하지 않는다는 점에서 말이야.

소설을 쓴 작가와 주인공이 닮아 있다는 걸 발견하면 엄마는 이상하게 그 소설이 더 애틋하게 느껴지더라. 한 사람의 삶이 글 안에 고스란히 녹아 있다는 생각이 들어서 말이야.

모든 것을 다 주는 것이
행복한 삶일까?

행복한 왕자

The Happy Prince

Oscar Wilde **오스카 와일드**

여기 높이 솟은 기둥 위에 보석들로 치장한 동상이 하나 있습니다. '행복한 왕자'라고 불리는 이 동상을 사람들은 사랑합니다. 어느 겨울 날, 갈대와 사랑에 빠지는 바람에 따뜻한 나라인 이집트로 미처 이동하지 못한 제비가 동상 위에서 쉬다가 행복한 왕자의 눈물을 발견합니다. 행복한 왕자는 아래로 내려다보이는 비참한 도시의 모습에 마음 아파해요. 그리고 제비에게 자신을 도와줄 것을 부탁하죠. 제비는 한시 바삐 떠나야 하지만 왕자의 부탁을 거절하지 못합니다.

칼자루의 루비를 아픈 아이에게 물어다 주고, 가난한 작가와 성냥팔이 소녀에게 눈에 박혀 있던 사파이어를 가져다주고, 몸을 덮고 있던 금 조각들마저 모두 떼어 가난한 사람들에게 나누어 줍니다. 행복한 왕자와 제비는 그 이후 어떻게 되었을까요?

이 소설의 제목은 『행복한 왕자』. 많이 알려진 이야기죠? 1888년 오스카 와일드의 동화집 『행복한 왕자와 다른 이야기들(The Happy

Prince and Other Tales)』을 통해 출간된 이 단편 소설은, 작가인 오스카 와일드의 대표작으로 꼽힙니다. 짧은 단편 소설이어서 재인이도 저도 어렵지 않게 읽었지만, 읽으면서 그 어떤 책보다 많은 이야기를 나눴어요.

만약 제비가 도와주지 않고 그냥 이집트로 떠났다면 상황은 어떻게 달랐을지, 제비가 자신이 죽게 될 수 있음에도 행복한 왕자를 끝까지 도왔던 이유는 무엇인지, 행복한 왕자에게 도움을 받은 사람들이 도움을 준 게 행복한 왕자라는 걸 알았다면 행복한 왕자의 최후가 달라질 수 있지 않았을지 등 상황을 요리조리 바꿔가며 다양하게 생각해 보았습니다.

꼭 책이 두껍다고, 방대한 서사가 있다고 해서 아이와 대화를 많이 할 수 있는 건 아니라는 사실을 『행복한 왕자』를 읽으며 다시금 깨달았습니다. 우리 주변의 소외된 이웃을 돌아보는 일의 가치, 나눔이 주는 행복에 대해 생각해 보기에 부족함 없는 책이었습니다.

우선 결론을 이야기할게. 엄마는 반대야! 무슨 소리냐고? 행복한 왕자의 선택 말이야. 누가 좀 말려야 하지 않을까? 그건 아니라고, 그렇게까지 할 필요 없다고 이야기해 줘야 할 거 같아.

어느 도시 광장에 동상이 하나 있어. 온갖 보석들로 치장된 정말 아름다운 동상이었지. 사람들은 행복한 왕자를 도시의 자랑으로 여기며 사랑했어. 그리고 여기 제비 한 마리가 있어. 남쪽으로 날아가야 하는데, 하필이면 변덕스러운 갈대와 사랑에 빠지는 바람에 여태 떠나지 못한 제비였지.

재인아, 그거 아니? 높은 곳에 올라가면 평소에 보지 못하던 것들을 보게 돼. 내 눈높이에서는 보이지 않던 것들을 아래로 내려다보게 되는 거지. 우리가 산 위에 올라갔을 때나 높은 빌

114

딩 위에 올라갔을 때를 떠올려 봐.

마을의 가장 높은 곳에 자리잡고 있던 행복한 왕자의 눈에도 사람들의 눈에는 보이지 않는 것들이 보였어. 가난으로 자신의 꿈을 마음껏 펼치지 못하는 작가, 불쌍한 성냥팔이 소녀, 아프지만 제대로 치료를 받지 못하고 있는 아이…… 행복한 왕자는 마을의 마음 아픈 광경들을 그냥 지나치기가 어려웠어. 그래서 남쪽으로 날아가려던 제비에게 부탁을 하지. 제발, 자신의 심부름 하나만 해주고 떠날 수 없겠느냐고. 자신의 칼자루에 박혀 있는 루비를 빼서 아픈 아이에게 전해달라고 말이야. 이미 다른 제비들보다 출발이 늦어서 서둘러야 했지만 제비는 행복한 왕자의 부탁을 차마 거절하기가 어려웠어. 마음 약한 제비였나 봐.

"네, 대신 딱 한 번 만이에요."

한 번만 들어 주려고 했던 부탁은 두 번이 되고 세 번이 되어 버려. 행복한 왕자는 자신의 몸을 치장하고 있는 온갖 보석들을 떼어 내어 불쌍한 사람들을 도왔어. 심지어 몸을 덮고 있는 금 조각과 사파이어로 만든 눈동자도 떼어 버리지.

행복한 왕자는 점점 마을의 자랑이 아닌 흉물로 변해가고, 제비는 따뜻한 나라로 갈 수 있는 기회를 완전히 놓쳐. 시 의원들은 행복한 왕자를 철거해서 몽땅 녹여 버리라고 명령하고 제비는 추운 날씨 탓에 죽고 말지. 정말 마음 아픈 이야기다. 그치?

　재인아 너는 어떻게 생각하니? 행복한 왕자의 선택은 과연 옳은 것이었을까? 안타까운 사람들을 그냥 지나치지 못하고 자신을 희생해서 돕는다는 것, 사실 생각만큼 쉬운 일이 아니야. 타인의 안타까운 상황에 마음 아파하는 것은 어쩌면 인간의 본능일지도 몰라. 하지만 마음으로 그치지 않고, 무언가 행동한다는 것은 누구나 할 수 있는 일이 아니지.

　한 가지 예로 사회에서 소외된 이웃을 도와달라는 봉사 단체의 광고들을 생각해 봐. 그 광고를 본 대부분의 사람들은 화면 속 사람들이 안타깝고 마음이 쓰일 거야. 하지만 모두가 후원을 하는 건 아니야. 게다가 마음 아픈 게 싫어서 채널을 돌리거나 외면하는 경우도 많고.

　행복한 왕자는 실천하고자 했어. 행동하고 싶어했지. 사실 마음은 힘이 없거든. "불쌍해" "안타까워" "돕고 싶어" 이런 마음만으론 아무것도 바뀌지 않아.

　하지만 재인이 너도 알다시피 행복한 왕자는 움직일 수 없는 동상이었어. 그래서 제비에게 부탁한 거지. 행복한 왕자도 대단하지만 제비도 정말 멋지지 않니? 제비도 지금 당장 남쪽으로 날아가지 않는다면 죽을지도 모른다는 걸 아마 알고 있었을 거야. 알면서도 행복한 왕자의 부탁을 지나치지 못한 거야.

엄마 생각엔 말이야. 제비가 꼭 행복한 왕자의 부탁 때문에 심부름을 했던 건 아닌 거 같아. 하늘을 날아다니며 봤던 거지. 제비 눈에도 보였던 거야, 안타까운 사람들이. 둘은 마음 잘 맞는 '환상의 짝꿍'이었어.

행복한 왕자와 제비 덕에 사람들의 삶은 조금 나아졌겠지? 그런데 행복한 왕자와 제비의 삶은 어때? 행복한 왕자는 그 아름다움과 품위를 잃고 한순간 나락으로 떨어지고 말았고, 제비는 결국 목숨을 잃고 말았지. 남을 위해 내 삶을 희생하는 건 칭찬받을 일인데 그 결과가 참 비참하지 않니?

이렇게 책이 끝났다면 엄마는 아마 이 이야기를 좋아하지 않았을 거야. 엄마는 책의 결말이 마음에 들어. 하느님이 천사에게 도시에서 가장 귀한 두 가지를 가져오라고 하지. 그래서 천사가 가져간 건 뭐였을까? 천사는 행복한 왕자의 쪼개진 심장과 죽은 제비를 가져다 바쳤대. 이후 둘은 아마도 천국에서 행복하게 살았겠지?

재인아, 세상에는 말이야 돈으로 살 수 없는 것들이 많이 있어. 모든 것이 돈으로, 물질로 환산 가능한 건 아니란다. 귀한 것, 정말로 귀한 것은 돈으로 못 사는 경우가 더 많아. 귀하면 귀할수록 돈과는 더더욱 거리가 멀거든.

우리 가족 모두 건강하게 시작하는 하루, 각자의 자리에서 충실히 시간을 보내고 모여서 먹는 따뜻한 저녁 식사, 아인이의 엉뚱한 장난에 온가족이 배꼽 잡고 웃는 일, 이불을 발로 다 차버리고 곤히 자는 재인이 아인이의 말간 얼굴…… 엄마가 좋아하는 것들, 귀히 여기는 것들도 대부분 돈으로 살 수 없는 것들이네?

행복한 왕자는 돈으로 사지 못하는 것에 더 큰 가치를 뒀던 거 같아. 자신의 위치를 버릴 만큼 이웃이 중요했고, 그것을 통해 얻는 행복이 컸던 거겠지. 아픈 아이에게 오렌지를 먹이는 일, 가난한 작가에게 희망을 주는 일, 성냥팔이 소녀의 눈물을 그치게 하는 일이 더 소중했던 거야.

재인이도 아마 살면서 알게 될 거야. 나의 것을 희생할 만큼 소중한 것, 돈보다 귀한 것 그리고 그것이 주는 마음의 행복을.

그런데 재인아, 엄마는 재인이에게 당부할 것이 있어. 행복한 왕자처럼 남들이 보지 못하는 것을 보고 소외된 것들에 마음을 쓰는 건 좋지만 너를 잃지 않았으면 좋겠어. 세상 그 무엇보다 귀한 건 '너'란다. 지금은 엄마 아빠가 재인이의 보호자 역할을 하고 있지만 결국 너를 지켜낼 수 있는 것은 너 자신이야.

행복한 왕자가 사람들의 손가락질을 받고, 결국 그 자리를 잃게 되었을 때 엄마는 많이 슬펐단다. 행복한 왕자를 보며 행복해했을 사람들도 분명 있었을 텐데, 행복한 왕자를 보며 희망을 이어가던 사람들도 있었을 텐데…… 어쩌면 높이 있다 보니 바로 밑에 있던 그 사람들은 보지 못한 게 아닐까 싶어.

재인이가 모든 것을 주는 삶을 살지 않았으면 해. 너를 지키면서 세상을 돌아보고 이웃에게 마음을 쓰는 삶을 살아가길 엄마는 바라.

뭐든 중간을 지키며 살아가는 건 참 어려운 일이야.

하지만 우리 해 보자. 그 어려운 것에 도전하자.

— 행복한 재인이가 되길 원하는, 엄마가

엄마, 나는 『행복한 왕자』를 읽고 생각이 많아졌어. 짧은 소설인데 이렇게 많은 생각을 하게 하다니, 책의 분량과 생각할 거리는 상관이 없나 봐.

이 책의 제목이 '행복한 왕자'이긴 하지만 왕자가 계속 행복했던 건 아닌 거 같아. 사람들이 왕자를 좋아하고 왕자를 행복한 왕자라고 부를 때 정작 왕자는 전혀 행복하지 않았을 거 같아. 엄마 말처럼 높은 곳에서 바라보니까 여기저기 불쌍한 사람들이 많다는 걸 알았을 거고, 그 모습을 보고 마음이 아파서 왕자는 하나도 행복하지 않았을 거야. 그리고 진짜 행복해진 건 아마 보석들을 다 가난한 사람들에게 나눠주고 나서 볼품없어졌을 때 아닐까? 사람들은 흉측하다고 했지만 왕자는 그때 가장 행복했을 거야.

사실 처음엔 행복한 왕자를 정말 이해할 수 없었어. 그냥 가만히 있으면, 남을 돕지 않았다면, 광장에서 '멋지다'는 소리 실컷 들으며 사람들의 자랑으로 남아 있을 수 있을 텐데 대체 왜 저렇게 하지 싶었어.

제비도 그래. 솔직하게 말하면 좋잖아.

"죄송하지만 왕자님, 저는 따뜻한 나라인 이집트에 가야 해요. 지금도 이미 늦었는 걸요. 더 늦으면 저는 죽을지도 몰라요."

이렇게 말하고 그냥 원래 계획대로 했다면 얼마나 좋았을까 싶었어.

그런데 책을 다 읽고 나니까 알겠더라고. 왕자와 제비가 생각하는 '행복'이 내가 생각하는 '행복'이랑 달랐던 거야. 행복한 왕자에겐 베푸는 게 행복이었겠지? 사람들에게 나누어 주고, 사람들이 행복해하는 것을 보는 게 행복이었겠지? 제비 또한 그런 왕자를 돕는 게 이집트에 가는 것보다 중요한 행복이었고.

엄마 말대로 진짜 귀한 것은 돈으로 살 수 없는 것 같아. 아니, 나는 이렇게 표현하고 싶어.

'진짜 귀한 건 엄청 큰돈이 필요한 건 아니다.'

예를 들어 우리 가족이 잘 지낼 수 있는 건 엄마와 아빠가 하루하루 열심히 일하고 정성으로 집안일을 해 나가기 때문이잖아. 그리고 나의 옆돌기 실력 또한 어디서 산 게 아니라 계속 연습을 하니까 잘하게 된 거고. 내가 이렇게 이야기하면 엄마는 "옆돌기가 그렇게 소중해?" 하고 깔깔 웃겠지만 내겐 너무 너무 소중하다고! 내가 얼마나 잘하고 싶었는 줄 알아? 체조 영상을 보면서 연습하다가, 안 될 것 같던 동작이 마침내 될 때 나는 참 신기해. 그리고 재밌어. 옆돌기 이야기를 너무 많이 했나?

아무튼 행복한 왕자와 나는 귀하게 생각하는 게 좀 다르긴 하지만 돈만 있다고 가질 수 있는 게 아니라는 점에선 같아.

나는 아직 다른 사람을 도우면서 느끼는 행복은 잘 몰라. 아인이에게 두 자리 수 더하기 빼기를 가르쳐 줬는데 아인이가 답을 맞췄을 때의 뿌듯함일까? 아니면 엄마가 도와달라고 한 일을 잘 해내고 엄마에게 칭찬받는 기분 같은 걸까?

행복한 왕자와 제비처럼 나도 다른 사람에게 도움을 주는 사람이 되고 싶어. 물론 그 둘만큼 해내는 건 불가능하겠지만.

근데 세상에 행복한 왕자와 제비만큼 착한 사람이 있긴 할까? 있다면 전세계에 한두 명 정도? 아마 진짜 별로 없을 거야. 그래서 더 대단하고.

엄마에게 편지를 다 쓰고 나서 행복한 왕자에게 짧은 편지를 쓰려고. 천국에서 잘 지내는지 궁금해.

– 옆돌기 실력이 보물 1호인, 재인이가

안녕하세요? 저는 왕자님이 주인공으로 나오는 『행복한 왕자』라는 책을 읽은 대한민국에 사는 연재인이라고 합니다. 잘 지내시나요?

궁금한 게 있는데 왕자님은 보석을 사람들에게 다 나눠준 게 후회되지는 않나요? 조금도 아깝지 않으셨나요?

사람들은 왕자님이 불쌍한 사람들을 도와준 줄 모를 거예요. 만약 왕자님이 했던 일들을 알았다면 왕자님을 흉측하다고 놀리지 않았을 텐데 아쉬워요.

하지만 왕자님은 누가 알아주길 바란 건 아니겠지요.

왕자님의 심장이 쪼개질 때 정말 슬펐는데 천국에 가셔서 다행이에요.

제비는 어떻게 지내나요? 왕자님 옆에 있나요?

하늘나라는 따듯한 곳이겠죠? 그래야 제비가 건강하게 지낼 수 있을 테니까요.

그럼 그곳에서 행복하게 지내세요.

왕자님은 '행복한 왕자'니까요.

재인 올림

우리도
마법을 시작해 볼까?

비밀의 화원

The Secret Garden

Frances Hodgson Burnett 프랜시스 호지슨 버넷

재인이에게 "엄마랑 '단둘이 북클럽' 하면서 재미있었던 책이 뭐야?"라고 물었을 때 재인이가 빼놓지 않고 손에 꼽는 책이 있으니, 바로 이 『비밀의 화원』입니다. 일단 제목에 '비밀'이 들어가서 뭔가 흥미진진한 느낌이라고 해요.

『비밀의 화원』의 주인공은 영국인 소녀 메리 레녹스. 메리는 인도에 살고 있었어요. 엄마와 아빠는 메리에게는 영 관심이 없습니다. 아빠는 영국 정부에서 높은 지위를 맡고 있었는데 항상 바빴고, 굉장한 미인이었던 엄마는 파티를 하며 사람들과 어울리는 것에만 관심이 있을 뿐 딸이 가까이 오는 것조차 꺼려합니다.

메리는 점점 외롭고 점점 괴팍하고 점점 삐딱한 아이로 자랍니다. 그러던 어느 날, 메리는 콜레라로 부모님을 잃습니다. 갑작스레 고아가 된 열 살 메리는 영국 요크셔의 귀족인 고모부 크레이븐의 집에 오게 됩니다. 그리고 그곳에서 자신과 똑같이 외롭고 괴팍하고 삐딱한 아이를 발견하죠. 그의 사촌인 콜린이에요.

책의 제목이기도 한 '비밀의 화원'은 고모부가 아내와 사별한 뒤 완전히 문을 잠가버린 버려진 화원을 가리킵니다. 메리와 콜린은 정원사 벤 할아버지와 하녀인 마사, 그리고 디콘의 도움을 받아서 오랫동안 잠겨 있었던 탓에 황폐해진 비밀의 화원을 꽃들이 가득하고 생명력이 넘치는 아름다운 화원으로 만들어 갑니다. 비밀의 화원을 통해 그동안 제대로 된 사랑을 받아본 적이 없어 상처를 안고 살았던 메리도, 자신이 곧 죽을 거라고 믿고 침울한 삶을 살아가던 콜린도 점차 회복되고 앞으로 나아갑니다.

재인이는 책 속 메리와 콜린의 변화를 보며 마법 같다며 무척 좋아했어요. 그 말에 저도 동의해요. 정말 '마법'이라고 밖에 표현할 수 없을 만큼 아이들의 변화는 놀라웠어요.

『비밀의 화원』을 읽으며 영국 요크셔 지방 사투리를 번역한 부분이 흥미로웠어요. 재인이가 읽은 책과 제가 읽은 책의 우리말 표현이 달라서 그 부분만 찾아 비교하며 읽었습니다. '같은 내용이어도 번역가에 따라 차이가 날 수 있구나' 하고 새삼 느꼈고, 앞으로 가능하다면 서로 다른 출판사의 책으로 봐야겠다고 결심했죠(자세한 내용은 220쪽을 참고해 주세요).

재인에게

재인아, 우리가 살아가는 데는 꼭 필요한 것은 무엇일까? 흔히 의식주를 꼽지? 우리 몸을 보호하는 옷과 몸의 에너지를 만들어 주는 음식, 추위와 더위 그리고 적으로부터 지켜 줄 집이 꼭 있어야 한다고 말이야.

그렇다면 정말 이 셋만 충분히 있다면 건강하고 온전한 삶을 살아갈 수 있을까? 맞아, 어쩌면 생명을 이어나가는 데는 부족함이 없을지도 모르겠어. 하지만 재인이는 이 셋만으로 정말 괜찮겠니?

『비밀의 화원』의 주인공인 메리와 콜린을 떠올려 봐. 메리와 콜린은 '의식주'만큼은 부족함이 없었어. 메리는 부모님이 콜레라로 죽고 고모부 집에 오기 전까지 집에 아야(인도에서 서양인

130

이 부리던 원주민 하녀나 유모)들을 여럿 둘 정도로 부유했고, 콜린은 쓰지 않고 잠겨 있는 방만 100개가 넘는 으리으리한 대저택에 산다고 했으니 말 다했지.

하지만 둘의 모습은 어땠니? 둘 다 정말 형편없었어. 메리는 버릇없고 못생긴 아이였어. 오죽하면 책에서 '이보다 더 못나고 못생긴 아이가 있을까 싶을 정도'라고 표현했을까? 바싹 마르고, 머리카락 숱은 없고, 얼굴은 노리끼리하고, 성깔 마저 고약했지. 콜린은 또 어떻고. 뼈마디가 보일 정도로 마른 데다 항상 화를 내고 신경질을 부리는 지독하게 괴팍한 소년이었어. 엄마가 보기엔 메리와 콜린 둘 다 '이보다 더 나쁠 수 없는 상태'였던 거 같아.

둘은 무엇이 문제였을까? 의식주라면 이미 넘치게 가지고 있건만 대체 무엇이 부족했던 걸까?

엄마 생각에는 말이야, 메리와 콜린에겐 사람, 아니 생명을 가진 모든 것에게 반드시 필요한 '그것'이 없었어. 모든 것을 바꿀 수 있는 힘, 『비밀의 화원』에서 '마법'이라고 말한 것 말이야. 우린 그걸 다른 말로 '사랑'이라고 부르지 아마?

자, 그럼 책에서 이 마법이 얼마나 힘이 셌는지 우리 같이 이야기해 볼까?

부모님이 돌아가신 건 무척 안 된 일이지만 이로 인해 메리가 영국 요크셔에 있는 고모부 집에 온 건 참 다행이라는 생각이 들어. 그곳에서 하녀 '마사'를 만나게 되었잖아. 마사를 만나면서부터 메리는 조금씩 변하기 시작해. 메리는 태어나서 단 한 번도 받아보지 못한 관심과 사랑을 마사에게 받게 돼. 투박하고 거친 요크셔 사투리로 툭툭 건네는 마사의 진심은 메리를 변화시키지.

'배고픔'이라는 걸 일평생 느껴보지 못해서 늘 먹는 것에 시큰둥하던 메리에게 마사가 이렇게 말했잖아.

"따닷하게 몸을 싸구 밖에 나댕겨 봐이. 그러문 몸에두 좋구, 배두 고파져서 괴기가 먹구 싶어질 테니께요."

『비밀의 화원』, 프랜시스 호지슨 버넷, 공경희 옮김, 시공주니어 펴냄, p.49

마사의 말대로 밖에서 뛰어 놀고 들어온 메리가 어땠는지 기억 나지? 평생 이렇게 맛있는 건 먹어본 적이 없는 아이처럼 허

겁지겁 식사를 했어. 엄마는 그 모습이 웃기기도 하면서 얼마나 다행이다 싶던지.

이후의 변화는 더 놀랍지? 햇빛 한번 제대로 보지 못해 노랗게 떴던 얼굴에 핏기가 돌기 시작하고, 바싹 말라 양말목이 항상 헐렁했는데 점차 보기 좋게 살이 오르잖아.

그리고 그 무엇보다 엄마가 반가웠던 메리의 변화는 메리에게 '좋아하는 사람'이 생겼다는 거야. 마사와 디콘, 소어비 부인, 벤 할아버지 그리고 붉은가슴울새까지 무려 다섯 명이나 생겼어. 혹시 재인이는 알고 있을까? 무언가를 좋아하는 마음이 얼마나 큰 힘을 주는지?

환히 웃으며 디콘에게 좋아하는 사람이 다섯 명이나 있다고 자랑하고, 디콘에게 요크셔 사투리로 장난치는 메리의 모습에서 엄마는 무언가를 좋아하는 마음의 힘을 선명하게 보았어.

메리도 참 많이 변했지만 콜린의 변화에 비하면 새발의 피야. 평생을 '곱사등이가 될 거다', '일찍 죽을 거다' 되뇌이며 공포에 휩싸여 방에서만 지내던 은둔형 외톨이 콜린. 휴, 그 모습은 메리의 처음 모습 보다 더 형편없으면 없었지 결코 덜하진 않았을 거야.

하녀들도 의사, 간호사도 두 손 두 발 다 들었을 정도로 제멋대로인 아이, 침대와 한몸이 되어 하루 종일 누워서 '죽음'만 생각하며 절망적으로 살아가는 열 살 아이라니…… 엄마는 상상만 해도 참 마음이 아프다.

그런 콜린이 메리를 만났어. 막상막하인 안하무인들의 대결은 누구의 승리였지? 맞아! 메리의 승!

막무가내로 화를 내는 콜린을 메리는 단호하게 타일렀고, 곱 사등이가 될 징후는 작은 핀만큼도 없으니 걱정 붙들어 매라고 신신당부하지. 콜린은 신기하게도 그런 메리에겐 마음을 열었어. 메리를 만나고 싶어 하고 메리의 이야기에 귀를 기울이지. 이건 마치 메리가 마사를 처음 만났을 때와 비슷해. 콜린도 메리처럼 태어나서 처음으로 자신에게 '진심'으로 대하는 사람을 만나게 된 거야.

이 진심이라는 게 얼마나 대단한지 메리의 변화를 통해 우린 이미 보았지? 이 마음은 결국 절대 변하지 않을 것 같던 콜린도 변화시켜. 희망 한 조각 없이 불행을 짊어지고 살아가는 콜린이 갑자기 집 밖으로 나가고 싶어 하고, 일어서고 싶어 하고, 땅을 파고 싶어 하고, 걷고 싶어 하고, 뛰고 싶어 하고, 살고 싶어 하잖아. 놀랍지 않니?

엄마는 콜린이 "난 영원히, 영원히, 영원히 살 거야!"라고 소리치는 장면을 잊을 수가 없어. 콜린이 간절함을 담아 희망을 외치는데 엄마는 마음이 마구 뜨거워지더라.

메리를 진심으로 위하는 '마사', 콜린과 메리의 소중한 친구가 되는 마사의 동생 '디콘', 아이들에게 진짜 필요한 게 무엇인지 아는 현명한 '소어비 부인', 말은 아닌 척하지만 사실은 세심하게 메리를 돕는 '정원사 벤 할아버지' 그리고 '붉은가슴울새'. 이들의 진심 어린 관심과 사랑이 메리와 콜린을 완전히 다른 아이들로 만든 거야.

그리고 책에서 변화된 게 하나 더 있지? 바로 비밀의 화원!

콜린 엄마가 죽고 10년 동안 제대로 된 돌봄을 받지 못해서 엉망이었던 그곳을 메리, 콜린, 그리고 디콘은 생명력 넘치는 곳으로 바꿔 놓았어. 10년 전, 콜린 엄마가 사랑했던 장미향 가득했던 아름다운 정원으로 다시 돌려 놓은 거야. 아침 일찍부터 그곳에 모여 온종일 흙을 일구고 꽃을 심고 잡초를 뽑아가며 일하는 과정을 통해 비밀의 화원도 메리와 콜린도 더욱 더 건강해져. 마법처럼, 마법에 의하여.

재인아, 이 마법 참 대단하지 않니? 이 마법의 힘은 금방 다른 사람들에게 전해지고, 또 다른 마법을 부려. 그런데 이 마법은 『비밀의 화원』 속에서만 힘을 발휘하고 있는 게 아니야. 우리가 살아가는 세상에서도 발휘되고 있단다.

엄마와 재인이, 재인이와 재인이의 친구들, 학교 선생님과 아이들…… 모든 건강한 관계에는 이 마법이 꼭 필요하지.

이 마법, 진심 어린 사랑의 마법이 없는 세상을 상상해 봐. 봄이 되기 전 황폐하고 거친 황무지, 그 자체이지 않을까? 마법을 부리는 방법은 어렵지 않아.

> "마법을 처음 시작하는 방법은, 어쩌면 말이야, 멋진 일이 일어날 거라고 그냥 얘기하는 걸지도 몰라. 마침내 그 일이 일어나게 될 때까지 말이야."
>
> 『비밀의 화원』, 프랜시스 호지슨 버넷, 공경희 옮김, 시공주니어 펴냄, 323쪽

재인이가 살아가며 마법이 필요한 순간 콜린이 했던 이 말을 꼭 기억했으면 좋겠어.

내가 바라는 그 일을 간절히 바라고, 또 바라면 나와 내 주변 사람들의 마법 같은 힘이 모이고 모여서 반드시 이루어질 거라는 거, 잊지 마.

메리에게, 콜린에게 그리고 비밀의 정원에 펼쳐진 마법을 꼭 기억해.

– 항상 사랑의 마법을 걸고 있는, 엄마가

엄마, 비밀의 화원은 얼마나 아름다울까? 내가 무엇을 상상해도 내 상상보다 더 아름다울 것 같아.

비밀의 화원에서 콜린과 메리에게 생긴 변화에 나도 정말 놀랐어. 특히 콜린. 콜린은 원래 신경질적이고 곧 죽을 거라는 공포에 휩싸인 어린이였는데, 비밀의 화원의 마법 덕분에 걷고 뛰고 놀 수 있는 평범한 아이가 되었어. 물론 메리의 도움이 가장 컸지. 비밀의 화원에 가게 된 것도 메리 덕분이잖아.

메리의 변화도 정말 놀라워. 심술궂고, 늘 아야에게 모든 걸 떠넘기며 혼자 할 수 있는 게 아무것도 없는 배짝 마르고 노리끼리했던 아이였는데 건강하고 활기차졌어. 마사, 디콘, 소어비 부인, 벤 할아버지, 비밀의 화원…… 이 모든 것의 도움으로 말이야.

엄마, 세상에 마법이라는 게 정말 있을까? 나는 있을 거라고 믿어. 해리포터에 나오는 그런 마법 말고(있을지도 모르지만), 콜린과 메리에게 일어난 것과 같은 마법은 진짜 있다고 생각해. 콜린 말대로 무엇이든 간절히 바라고 노력하면 그 마법이 이루어지는 거지.

나는 이 책이 전하는 말을 한 문장으로 하자면 '마법을 믿고, 그게 무엇이든 희망을 가져라'인 거 같아. 콜린도 마법을 믿고 희망을 가지니 병이 낫고 걸을 수 있게 되었잖아. 불가능해 보였던 일이 마법처럼 일어났어. 원하는 건 사람마다 다르겠지만 그게 다른 사람에게 피해를 주는 나쁜 것만 아니라면 무엇이든 이룰 수 있을 거야. 난 마법을 믿어.

엄마, 책을 읽고 나니까 '비밀의 화원'에 너무 너무 가고 싶어졌어. 물론 메리와 디콘, 콜린이 만나고 싶어서기도 하고, 아름다운 그곳이 궁금해서기도 하지만 가고 싶은 진짜 이유는 따로 있어.

그 이유는 소어비 부인이 준비해 준 음식을 콜린, 메리, 디콘과 함께 먹고 싶어서야. 소어비 부인이 만든 귀리 비스킷, 따뜻한 롤빵, 갓 짠 우유, 소금을 솔솔 뿌려 화원의 화덕에 갓 구운

감자, 구운 계란, 생크림, 히스꿀...... 편지를 쓰는 이 순간에도 군침이 돈다. 이 음식을 먹고 메리와 콜린은 살도 오르고, 건강해졌잖아.

메리와 콜린, 디콘이 부러워. 얼마나 맛있을까? 나도 소어비 부인이 해 준 음식을 먹으면 키가 더 쑥쑥 자라지 않을까? 올해 목표인 '136센티미터까지 크기'를 아직 이루지 못했는데 왠지 그 음식들이 내 키도 크게 해 주지 않을까? 마법처럼?

- 군침을 다시며, 재인이가

엄마, 메리는 영국인이잖아. 근데 왜 인도에 살았던 거야?

책이 쓰일 당시 인도는 영국의 식민지 지배를 받고 있었어. 책이 출간된 게 1904년이잖아. 1800년대 중반부터 1900년대 중반까지 약 100년간 인도는 영국의 식민지였어. 메리의 아빠는 인도에서 영국 정부를 위해 일하는 영국인이었고. 그래서 메리는 인도에서 태어나 인도에서 자란 거겠지?

영국과 인도의 역사를 조금 더 살펴볼까? 식민지 지배 이전에도 영국은 동인도회사를 통해 인도를 간접 통치 하고 있었는데, 세포이 항쟁이라는 인도의 민족운동에서 영국이 승리하면서 직접 통치로 전환하게 되었어. 영국은 인도로 총독을 보내고 군사, 행정 등을 개편하고, 영국령 인도 제국을 출범시켰어. 1873년 영국의 여왕이었던 빅토리아 여왕이 인도 제국의 군주로 취임하면서 본격적인 지배를 받기 시작한 거지.

그래서일까? 영국 작가의 작품 중 인도를 배경으로 하고 있는 작품이 많아.

　우리가 함께 읽은 『비밀의 화원』을 쓴 프랜시스 호지슨 버넷의 다른 작품인 『소공녀』의 배경도 인도야. 그리고 또다른 영국 작가 러디어드 키플링이 쓴 『정글북』도 인도를 배경으로 하고 있어. 뿐만 아니라 러디어드 키플링은 인도에서 태어나 인도에서 자랐다고 해.

"봄이 오고 있다고? 그게 어떤 건데? 아파서 방에 누워
있으면 그것을 볼 수가 없어."
"그건 비가 오고 있는데 햇살이 내리쬐고, 햇살이
내리쬐는데 비가 오는 거야. 온갖 것들이 흙을 밀고
나오고 움직이는 거지."

『비밀의 화원』, 프랜시스 호지슨 버넷,

공경희 옮김, 시공주니어, p.182

예쁘지는 않지만
사랑스러워

홍당무

Poil de Carotte

Jules Renard **쥘 르나르**

『홍당무』는 프랑스 소설가 쥘 르나르가 1892년에 발표한 소설이에요. 원제는 『Poil de Carotte』, 우리말로 그대로 옮기면 '당근의 털' '빨간 머리'로 번역되겠지만, 우리에게는 '홍당무'로 익숙한 책입니다. 홍당무는 주인공 소년의 별명입니다. 실제 이름은 나오지 않아요. 홍당무의 가족도 친구도 이웃들도 그저 홍당무라고 부를 뿐입니다.

홍당무는 여느 동화에 나오는 아이와 조금 다릅니다. 아이다운 순수함이나 사랑스러움 따윈 없어요. 영악하고 잔인한 면모를 보입니다. 홍당무의 가족들도 서로 아끼고 사랑하는 가족과는 거리가 멀었습니다. 소설이 쓰인 130여 년 전은 아동 학대나 아동 인권에 대해 지금 만큼 문제제기가 되지 않은 시기였겠지만, 그 점을 감안하더라도 그의 가족, 특히 엄마가 홍당무에게 하는 행동들은 도무지 이해가 가지 않습니다. 엄마는 "내가 무슨 죄가 많아 저런 애를 낳았을까"라고 한탄합니다. 홍당무를 구박하고 차별하며 제대로 먹이지도 씻기지도 않습니다. 형과 누나 또한 어려운 일은 다 홍당무에게 떠넘기고, 홍당무가 엄마에게 받는 부당한 대우를 당연시 여깁니다. 아빠는 홍당무를 향해 애정을 보이긴 하나, 엄마와 떨어져 살고 싶고 엄마 때문에 죽고 싶다는 홍당무를 위로하거나 도와주지는 않습니다. 하지만 유머러스한 에피소드와 홍당무의 허를 찌르는 말과 행동들 덕에 재미있게 읽을 수 있는 책이었습니다.

어른의 눈에 홍당무는 영악하고 잔인하지만 한편으로는 그런 행동들 이면에 사랑받고 인정받고 싶은 마음이 엿보여 안쓰럽기도 했어요. 아이들의 눈으로 보면 이런 홍당무의 행동들이 어떻게 보일까 궁금해서 재인이에게 같이 읽자고 권했습니다.

재인이는 판타지나 모험물을 좋아하는 편이라 이런 일상을 다룬 책은 그리 즐겨 읽지 않지만, 긴 호흡이 아닌 짧은 글이 여러 편 모아져 있는 형식이라 큰 어려움 없이 읽을 수 있었습니다.

당시는 어린이를 대하는 태도나 동물을 대하는 마음가짐이 지금과 달랐다고 책을 읽기 전 재인이에게 이야기해 주었어요. 혹시 잔인한 내용들에 놀랄까 봐요. 사전에 이야기를 해줬음에도 재인이는 홍당무의 행동에 적잖이 당황했습니다.

재인아, 너는 엄마가 너를 사랑하지 않는다면 어떤 기분일 거 같아? 동생은 세상의 그 어떤 보물보다도 귀히 여기면서, 너에 게 온갖 궂은 일을 다 시키고, 작은 실수조차 용납하지 않고, 네 가 하는 일은 전부 불안해하고, 너의 사소한 부탁도 죄다 귀찮 아한다면 너의 기분은 어떨까? 물론 엄마가 그렇게 하겠다는 이야기는 아니고, 그렇다고 가정해 보자는 거야. 생각해 봐. 세 상에 그것보다 슬픈 일이 또 있을까? 가장 사랑하는 존재에게 사랑받지 못하는 것보다 비참한 게 있을까? 하물며 그 상대가 엄마인데.

아이에게 사랑이 없다는 건 식물에게 물이 없는 것과 같다고 생각해. 처음엔 티가 나지 않을지 몰라. 하지만 하루가 이틀이 되고 이틀이 사흘이 되면 조금씩 말라가겠지. 하루하루 바싹바싹 말라 죽어가는 데 주변에 관심을 두는 사람이 없다면 아무도 죽어가고 있다는 것을 모를 거야.

프랑스 소설가 쥘 르나르의『홍당무』속 주인공이 꼭 그랬어. 엄마 눈엔 물 없이 사는 식물처럼 보였어. 바싹바싹 말라가는 불행한 식물 말이야.

이 책의 주인공은 홍당무야. 무슨 이름이 그러냐고? 이름은 아니고 별명인 것 같은데 소설 어디에도 이 아이의 진짜 이름은 등장하지 않아. 아빠도 엄마도 형도 누나도 주변 이웃들도 심지어 학교에서도 이름 대신 '홍당무'라고 부르지.

홍당무의 엄마 르픽 부인은 형 펠릭스와 누나 에르네스틴에게는 극진한 사랑을 내보이지만 홍당무에게는 달랐어. '대체 아들에게 왜 이렇게까지?' 하는 생각이 절로 들만큼 홍당무를 미워했지. 형과 누나도 마찬가지야. 엄마만큼은 아니지만 동생 홍당무를 괴롭히고 놀리고 이용했지.

왜 아니겠어. 르픽 부인이 홍당무를 함부로 대하는 모습을 보고 자랐으니, 동생에게 응당 그래도 된다고 생각했겠지. 그래도 아빠는 좀 다르지 않냐고? 응, 달라. 하지만 더 나을 것도 없지. 홍당무에 대한 사랑을 간혹 보이기도 했지만 자상하고 다정한 아빠는 아니었어. 늘 바빠. 그래서 집 안에서 일어나는 일에는 도통 관심이 없지. 홍당무를 향한 르픽 부인의 옳지 않은 행동들을 빤히 알면서도 개선하려는 의지를 보인 적이 한 번도, 단 한 번도 없었어

이런 환경에서 자랐으니 어쩌면 재인이는 홍당무의 모습을 어깨가 축 쳐져 있는 작고 무기력한 소년으로 상상했을지도 모르겠다. 하지만 그렇지 않았지? 홍당무는 작긴 했지만 당당했어. 늘 구박받고 무시당하면서도 그런 상황을 담담하게 받아들이고 살아남기 위해 노력했어. 엄마는 그런 모습이 더 안쓰럽기도 했지만.

있지, 엄마는 펑펑 우는 장면보다 울음을 꾹 참는 장면이 참 슬프더라고. 마음으로 울고 있는 것만 같달까? 엄마 눈에 홍당무가 그렇게 보였거든. 마음으로 꺼이꺼이 서럽게 우는 아이 같았어.

근데 엄마도 르픽 부인처럼 엄마여서일까? 안쓰럽긴 했지만 르픽 부인이 이해가 가는 대목도 있었어. 르픽 부인의 말과 행동이 지나치게 과하긴 했지만 왜 그랬는지 간혹 고개가 끄덕여지기도 하더라. 홍당무의 장난과 잔인함이 선을 넘는 장면들이

몇몇 있거든. 게다가 홍당무 이 녀석, 잔머리가 이만저만이 아니더라고? 그 빤한 수를 엄마 아빠에게 번번히 들키기는 했지만 홍당무는 아이답지 않은 구석이 많이 있었어.

이 부분은 재인이와 나중에 꼭 이야기를 나눠 보고 싶어. 어린이의 시선으로 보면 홍당무의 행동이 (과하긴 해도) 이해가 갈지도 모르겠다. 책이란 게 그렇잖아. 같은 책을 읽어도 너와 내가 느끼는 바가 다르고, 오늘의 나와 어제의 내가 다르거든. 나의 환경과 상황을 대입해 가며 읽게 되니까 말이야.

아참, 흥미로운 건, 이 소설이 작가 쥘 르나르의 자전적인 이야기라는 점이야. 쥘 르나르도 홍당무처럼 삼남매의 막내아들로 태어났고 엄마의 사랑을 많이 받지 못하고 자랐대. 그의 말에 따르면 엄마는 태어날 때부터 그를 사랑하지 않았대. 홍당무랑 똑같지?

엄마는 『홍당무』를 정말 재미있게 읽었거든. 배꼽 잡고 깔깔댈만큼 웃긴 장면들이 많이 있었어. 엄마에게 사랑받지 못했던, 그래서 늘 사랑이 그리웠던 불우한 기억을 이토록 유쾌하게 그려낼 수 있다니 작가는 작가란 생각이 들었어.

좀 전에 말했듯, 홍당무가 동물들에게 잔혹하게 구는 모습과 잔머리 팽팽 굴리는 모습에 엄마는 사실 홍당무를, 그 이름 모를 꼬마를 잠깐 얄미워하기도 했지만 실제로 홍당무를 만난다면 절대 미워할 수는 없을 것 같아. 눈동자에 한가득 진심을 담아 사랑받길 원하고 있을 머리가 불그스름한 그 아이를 만난다면, 엄마는 그 아이를 꼭 안아주고 싶어.

그 순간에도 홍당무는 '이 아주머니가 왜 이러지? 뭘 원하는 걸까?' '그다지 좋지는 않지만 좋아하는 표정을 지어야 할까? 아니면 정색하고 "왜 이러세요" 하고 말해야 할까?' '어떻게 해야 나를 착한 꼬마라고 생각할까?' 이리 빙글 저리 빙글 머리를 굴리며 갖은 궁리를 하겠지.

있지, 딱 한 사람이면 되거든. 나를 사랑해주는 사람 말이야. 단 한 사람에게라도 진정한 사랑을 받고 있다면 기운이 바닥까지 떨어졌을 때 다시 치고 올라올 힘을 낼 수 있거든.

엄마는 그래서 안타까웠어. 홍당무에게는 그 단 한 사람이 없었거든. 물론 아빠도 홍당무를 사랑하고 대부도 홍당무를 사랑하지만 제대로 표현되지 않는 사랑은 오히려 상대방을 외롭게 할 수도 있다고 생각해.

작가의 의도겠지만, 소설 처음부터 끝까지 홍당무의 진짜 이름이 나오지 않았다는 게, 홍당무에게 진짜 이름을 불러주는 사람이 한 명도 없었다는 게 슬프지 않니? 홍당무는 늘 스스로 위안을 찾고 스스로 힘을 내야 했지. 생각해 보면 강한 아이 같아 홍당무는.

재인아, 우리가 삶에서 홍당무 같은 친구를 만난다면 그 친구를 꼭 안아 주자. 그리고 다정하게 이름을 불러 주자. 너도 알거야. 그것만이 줄 수 있는 따뜻한 위로를.

그것을 주자, 우리.

– 홍당무의 이름을 알고 싶은, 엄마가

엄마에게

　솔직히 말해서 나는『홍당무』가 지루했어. 내가 재미있게 읽었던『하이디』,『비밀의 화원』,『레 미제라블』등과는 달라. 나는 상상 속에서만 가능한 일이 벌어지는 판타지나 평소에 경험하기 어려운 큰 사건이 등장하는 책이 재미있는데『홍당무』에는 '엄청난 사건' 같은 게 없잖아.

　숫자로 표현해 보자면, 완전 흥미진진한 게 5,　잔잔한 게 1이라면『하이디』『비밀의 화원』같은 책은 1-3-5-2-4 야. 잔잔하게 시작하지만 점점 흥미진진하다가 결말도 항상 멋졌거든. 그런데『홍당무』는 1-2-1-2야. '잔잔-덜 잔잔-잔잔-덜 잔잔' 이런 식이라는 거지. 내 말이 무슨 뜻인지 이해되지?

　엄마는 이 책이 재미있다고 했지만 나는 동의할 수 없어. 내가 좋아하는 스타일의 책은 아니었어. 아무래도 엄마랑 나는 좋아하는 이야기 스타일이 좀 다른 거 같아. 『홍당무』는 홍당무 가족의 일상에 대한 이야기일 뿐이잖아. 나는 이런 일상 이야기보다는 신나고 긴장되는 이야기가 좋은데, 엄마는 오히려 이런 일상 이야기를 재미있어 하는 거 같아. 엄마는 영화도 <퍼펙트 데이즈(Perfect days)>처럼 잔잔한 종류를 좋아하잖아. 난 그 영화를 안 봤지만 엄마에게 설명만 들어도 알겠더라고. 내 취향이 아니라는 거.

아이들의 눈으로 보면 홍당무의 행동들이 이해가 가냐고 물었지? 아니, 전혀! 홍당무는 잔인하고 이상해! 아무리 사람마다 성격이 다 다르다지만 홍당무는 조금 이상해. 아니 아니, 아주 많이 이상하고, 아주 아주 많이 잔인해.

목을 비틀어 닭을 죽이고, 고양이한테 우유를 준 후 죽여 버리다니 어쩜 그럴 수 있어? 게다가 그런 행동을 해놓고도 죄책감도 안 느끼고 아무렇지 않아 하는 거 같아서 더 충격이야. 홍당무는 동물들에게 미안하지도, 동물들이 불쌍하지도 않나? 그런 행동이 후회되지도 않나?

물론 홍당무가 안쓰럽기도 했어. 엄마도 아빠도 누나랑 형만 좋아하는 것 같고, 누나랑 형도 자꾸만 홍당무를 놀리잖아. 만약 내가 홍당무라면 짜증나고 속상할 거야. 그럴 수밖에 없지 않겠어? 오히려 그렇지 않은 게 이상한 일이지. 엄마도 형제가 있어서 알잖아. 그게 얼마나 짜증나는 일인지.

엄마, 홍당무를 만나면 이름을 물어보고 불러주자고 했지? 하지만 나는 그전에 홍당무에게 따로 물어볼 것들이 있어.
총 네 가지 질문이야.

1. 왜 대체 동물을 죽이니?
2. 왜 가족들이 못 살게 굴어도 아무 말 안 해?
3. 너는 동물을 죽이는 일이 좋아, 싫어?
4. 모두가 너를 홍당무라고 부르는데 기분이 어때?

우선 이 질문에 대한 답을 들어 보고 홍당무 이름을 불러 줄지 말지, 친하게 지낼지 말지 결정할래.
솔직히 지금으로써는 그다지 친하게 지내고 싶지 않거든.

– 홍당무를 이해할 수 없는, 재인이가

홍당무는 늘 홍당무라고만 불려서 식구들도 진짜
이름을 금방 떠올리지 못한다.
"왜 홍당무라고 부르시죠? 불그스름한 머리카락 색
때문인가요?"
"저 아이의 마음속은 더 시뻘겋답니다."
르픽 부인이 대답한다.

『홍당무』, 쥘 르나르, 심지원 옮김, 비룡소, p.244

◦ 엄마, 『홍당무』에서 르픽 부인은 왜 아무렇지도 않게
홍당무를 때리는 거야? 당시에는 아이들을 때려도 되
는 거였어?

2021년 1월 8일, 우리나라 민법 제 915조 '친권자는
그 자를 보호 또는 교양하기 위해 필요한 징계를 할 수 있다'는
일명 '징계권' 조항이 삭제됨에 따라, 우리나라는 전세계 62번
째 '아동 체벌 금지' 국가가 되었어. 가정 내 체벌이 법으로 금지
된 지 불과 얼마 되지 않았다니 놀랍지 않니? 게다가 아직도 체
벌을 허용하는 국가가 더 많은 셈이야.

가정 내에서의 체벌을 법적으로 가장 먼저 금지한 나라는 스
웨덴이야. 스웨덴은 1979년 '어린이는 인격과 개성을 존중받아
야 하며 체벌을 포함해 어떤 모욕적 대우를 받으면 안 된다'라
는 스웨덴 부모법을 제정했는데 이때 부모들과 언론들에서 거
센 비난이 쏟아졌다고 해. 이 법이 모든 부모를 범죄자로 만들
거라며 국민의 70퍼센트 가량이 반대했다고 하니 얼마나 강한
반발이 있었는지 짐작이 가지?

스웨덴을 시작으로 핀란드(1983년), 노르웨이(1987년) 등 북유럽 국가들이 먼저 아동 체벌을 법으로 금지하기 시작했고, 이어 독일(2000년), 스페인, 뉴질랜드, 네덜란드(2007년) 등이 이어서 아동 체벌을 법으로 금지했어. 이 소설의 배경인 프랑스 또한 2019년 아동 체벌을 금지했지.

'사랑의 매'라는 말로 아이들을 향한 폭력을 합리화하고 '아이들은 맞으면서 큰다'라는 말로 체벌을 당연시 여겼던 시절이 그리 오래된 일이 아니라는 말이야.

그러니 『홍당무』가 나온 1892년의 사정은 어땠을까? 지금 우리의 시선으로 보면 르픽 부인이 툭하면 홍당무를 때리는 게 정말 이해가 가지 않지만, 무려 130여 년 전, 당시 인식으로 보았을 때는 어쩌면 가정 내에서 자연스럽게 일어나는 일이었는지도 모르겠어.

물론 이런 배경을 알고 보더라도 르픽 부인이 홍당무에게 했던 행동들은 납득이 안 될 정도로 너무하긴 했어. 왜냐하면 홍당무의 형인 펠릭스와 누나인 에르네스틴에겐 완전 다르게 행동하잖아. 엄마가 폭력을 휘두르는 걸로도 모자라 차별까지……홍당무, 진짜 힘들었겠다.

가난하다고
꿈의 크기가 작아야 할까

플랜더스의 개

A Dog of Flanders

Ouida **위다**

재인와 함께 책을 읽고, 각자의 감상을 편지로 나누는 일이 항상 순탄하기만 했던 건 아닙니다. 보통 제가 먼저 편지를 쓰고 재인이가 답장을 쓰는 방식으로 진행했는데, 편지를 받자 마자 신이 나서 답장을 하는 경우도 (드물게) 있었지만 아무리 기다려도 묵묵부답인 순간들도 있었어요. 『플랜더스의 개』는 제가 편지를 보내고 나서 한 달이 넘도록 답장이 오지 않아 애가 탔던 책입니다.

처음엔 조금만 기다려 보라더니, 다음엔 쓸 이야기가 없다더군요. 그래서 그냥 넘어가야지, 하던 차에 재인이네 학급에서 『플랜더스의 개』를 같이 읽는다는 희소식이 들렸습니다. 저랑 읽었을 땐 시큰 둥하더니 반 친구들이랑 함께 읽고 나서는 책 이야기하는 표정이 달라졌어요. 친구들과 독서 골든벨 등 다양한 독후활동을 하며 흥미가 생겼는지 "엄마, 나 답장 쓸게!" 하더니 순식간에 써내려갔습니다. '역시 함께 읽는 것의 힘은 위대하구나' 싶으면서도, 이제 엄마보다는 친구인가 싶어 씁쓸하기도 했지요.

『플랜더스의 개』는 영국 작가인 위다가 쓴 벨기에 플랜더스 지방의 조그만 마을에서 할아버지와 함께 사는 소년 넬로와 늙은 개 파트라슈를 주인공으로 한 아름답고도 슬픈 이야기입니다. 늙고 가난한 예한 다스 할아버지는 딸이 죽으면서 남긴 손자 넬로를 홀로 힘겹게 키웁니다. 그러다 주인으로부터 혹사당하다가 죽기 직전에 버림받은 개 파트라슈를 만나게 되죠. 할아버지와 넬로의 정성 덕에 파트라슈는 건강을 회복하고 셋은 우유 수레를 끄는 일을 하며 소박하지만 행복한 삶을 이어갑니다. 하지만 삶은 호락호락하지 않았어요. 넬로에게 안타까운 일이 연이어 일어납니다. 『플랜더스의 개』는 읽고 나면 가슴 한 켠이 먹먹해지는 책이에요.

책의 배경은 벨기에의 안트베르펜(앤트워프). 그런데 정작 벨기에에서는 이 책이 크게 유명하지 않았다고 해요. 그런데 1970년대 일본에서 TV 애니메이션으로 제작된 후 전세계적으로 선풍적인 인기를 얻었고, 그 이후 현지에서도 『플랜더스의 개』가 유명세를 얻게 되었지요. 넬로와 파트라슈가 눈을 감았던 안트베르펜(앤트워프) 노트르담 대성당 앞에는 일본 기업이 기증한 넬로와 파트라슈 동상이 있다고 합니다.

어른들이 어린이들에게 자주 하는 질문이 하나 있지?

"너는 꿈이 뭐니?"

만약 누군가 재인이에게 그렇게 묻는다면 뭐라고 대답할래? 꿈은 꼭 필요한 걸까? 꿈이라는 건 오늘을 살아감에 있어 조금 더 힘을 내게 하고 내일을 기대하게 하는 삶의 원동력임에 틀림없어. 생생하게 자신의 나중을 그려 보는 것만큼 기운 나는 일도 없으니까.

그런데 있지, 어떤 꿈은 누군가의 가슴을 아프게 하기도 하고 한숨 짓게 하기도 하지. 바로 『플랜더스의 개』의 넬로의 꿈이 그랬어.

주인공인 넬로는 할아버지와 함께 살고 있었어. 수레에 우유

통을 실어나르는 일로 간신히 생계를 유지하고 있었지만 할아버지와 넬로는 무척 가난했지. 그러던 어느 날, 주인에게 학대 당한 채 버려진 개를 한 마리 발견해. 할아버지와 넬로는 누가 봐도 개를 키울 형편은 아니었어. 게다가 죽어가는 개라니⋯⋯ 생활에 아무 도움이 되지 않을 게 뻔한 데도 할아버지와 넬로는 개를 구해주고 지극 정성으로 돌봤어. 결국 개는 건강을 되찾았고, '파트라슈'라는 이름을 갖게 되었지. 파트라슈도 넬로와 할아버지의 정성을 알고 있는 걸까? 몸이 회복되자 마자 병약한 할아버지를 대신해 자신이 수레를 끌겠다고 나섰단다. 할아버지는 나날이 건강이 안 좋아졌고, 넬로는 파트라슈와 함께 성실하게 일했지만 워낙 가진 것이 없었던 터라 밥을 굶기 일쑤인 찢어지게 가난한 삶이었지.

할아버지는 그저 넬로가 작은 땅이라도 가지게 되어 안정적인 삶을 살아줬으면 했지만 넬로에게는 넬로만의 바람이 있었어. 하나는 안트베르펜 대성당에 있는 루벤스의 그림을 보는 것, 다른 하나는 화가가 되는 것이었지. 하지만 둘 다 그리 이루기 쉬운 꿈은 아니었어.

당시 안트베르펜 대성당의 루벤스 그림은 천으로 가려져 있어서 돈을 내야만 볼 수 있었대. 딱 하루, 성탄절 날만 제외하고 말이야. 넬로는 당장 오늘 먹을 것도 충분치 않을 정도로 가난했어. 그러니 돈을 주고 그림을 보는 건 생각지도 못했을 거야. 하지만 언젠가 그 제단화를 보고 싶다는 마음의 소망은 버리지 않았어. '나처럼 가난한 아이가 어떻게 보겠어'란 생각은 결코 하지 않았지.

화가의 꿈도 마찬가지야. 넬로는 그림을 배우는 것은커녕 당장 그림 그릴 물감을 살 돈도 없었지만, 물감 대신 목탄으로 그림을 그려. 그리고 그림 대회에서 입상하기만 하면 꿈을 이룰 수 있을 거라 믿고 작품을 출품하지. 당선자는 성탄절 날 발표하기로 되어 있었고 말이야.

넬로는 자신의 꿈을 소중히 여겼어. 새벽 안개를 뚫고 파트라슈와 함께 일하러 갈 때나 콸콸 흘러가는 물소리를 들으며 운하 가장자리에 나란히 누워 쉴 때 파트라슈의 귀에 대고 아이답게 자기 꿈을 소곤소곤 속삭이곤 했어. 희망차고 아름답게 보여야 할 그 장면들이 엄마는 어쩐지 슬퍼 보였어.

왜냐하면 엄마가 어른이 되어 슬픈 사실을 하나 알게 되었기 때문이야. 재인아 있지, 재능만으로 꿈을 이루기란 쉽지 않단다. 넬로만 봐도 그래. 넬로는 그림을 그릴 물감을 살 돈조차 없

166

는데 어찌 화가가 쉬이 될 수 있겠어. 심지어 넬로를 사랑하는 할아버지조차 넬로의 꿈을 힘껏 응원하기는커녕 넬로의 꿈을 듣자 마자 당혹스럽고 심란해 하시잖아. 왜냐하면 넬로가 그 꿈을 이루기 어려우리라는 걸 잘 아시니까. 마음은 아프지만, 엄마는 예한 다스 할아버지의 마음이 너무나도 이해가 갔어.

넬로의 꿈은 넬로의 삶을 실제로 더 고단하게 만들었어. 넬로가 성실하다는 걸 익히 잘 알고 있는 코제 아저씨였지만 넬로의 꿈이 화가라는 걸 알게 되자 딸 알로아가 넬로와 어울리는 걸 막아 세우잖아. 당시에 화가란 배고픈 직업이었던 것 같아. 지금도 가난한 넬로가 화가가 되겠다고 하니 넬로의 미래가 암담해 보였던 거지. 딸의 미래를 걱정했던 코제 아저씨는 넬로에게 냉담하게 대하기 시작해. 넬로가 앙심을 품고 집에 불을 냈다고 오해를 하기도 하고.

코제 아저씨가 마을에서 영향력이 대단했기에 마을 사람들은 그의 눈치를 보느라 더 이상 넬로에게 우유통을 맡기지 않아. 넬로는 먹고살 길이 없어진 거야. 가뜩이나 가난한 삶이었는데, 약간의 돈을 벌 수 있는 기회마저 사라졌으니 이후 넬로의 삶이 어땠을지 말 안 해도 상상이 가지?

플랜더스의 개

솔직히 말하면 엄마는 책을 읽는 내내 넬로가 화가의 꿈을 포기하면 어떨까 생각했어. 화가의 꿈만 포기해도 넬로가 이토록 힘들지는 않을 텐데 싶어 안타까웠어.

이후 넬로의 삶은 말하기 힘들 정도로 비참했어. 힘든 넬로의 삶에 작은 빛이라도 들면 좋으련만, 오히려 그 반대야. 상황이 더 안 좋아졌어. 할아버지는 돌아가시고, 오두막 주인은 집세를 내지 못했다며 집 안의 온갖 것들을 가져가기 시작하지. 솥단지, 나무 막대기 심지어 돌멩이 하나까지 다 내놓으라고 소리치고, 더 이상 가져갈 게 없자 내일 아침 당장 나가라고 했어. 이보다 더 비참한 삶이 있을까? 그렇게 넬로와 파트라슈는 의지할 사람도 갈 곳도 없는 최악의 상황으로 내몰리고 말았어. 그것도 너무나 추운 한겨울에 말이야.

이 상황에서 넬로가 기댈 수 있는 것은 자신의 꿈뿐이었어. 화가가 되고 싶은 꿈. 아직 대회 결과 발표가 남아 있었지. 넬로는 지치고 고된 몸을 이끌고 발표장으로 갔어. 결과는 어땠을까? 엄마는 마음으로 바라고 또 바랐어. 발표장에서 넬로의 이름이 불리길, 넬로의 소망이 꼭 이루어지길, 넬로의 삶이 조금이라도 나아지길……. 하지만 세상은 넬로 편이 아니었지.

엄마는 이 책을 통해 재인이와 꿈에 대해 이야기하고 싶어. 꿈꾸는 삶이 항상 좋기만 한 걸까? 이루기 힘든 꿈을 꾸면서 산다는 것, 낮은 가능성에 모든 것을 건다는 것은 너무 위험한 것 아닐까? 그 꿈이 좌절되었을 때 겪어야 하는 상실감도 온전히 본인의 몫일 테니 말이야.

그런데 이건 어른인 엄마의 지극히 현실적인 생각이고 열 살 재인이는 어떤 생각을 했을까? 재인인 엄마와 다른 생각을 가지고 있길 바라.

> 가난한 사람도 때로는 선택을 할 수 있어. 위대한 사람이 되는 길을 택하는 거야. 남들이 함부로 얕보지 못하게 말이야.
>
> 『플랜다스의 개』, 위다, 노은정 옮김, 비룡소, p.53

책 속 넬로가 이렇게 말했지? 맞아, 가난한 사람도 선택을 할 수 있지. 반짝이는 희망을 품을 수 있고, 희망에 기대어 삶을 긍정할 수 있는 거잖아. 다시 말해. 우린 모두 꿈꿀 수 있는 자유가 있어. 가난한 사람이라고 꿈의 크기가 작아야 하고 돈이 많다고 꿈을 크게 가져야 하는 건 아니니까.

넬로가 화가의 꿈을 포기했다면 코제 아저씨가 넬로를 그렇게까지 싫어하지 않았을 테고, 그럼 일도 계속 할 수 있었을 테니 넬로의 삶이 조금은 나았을지도 모르겠어.

하지만 넬로에게 화가의 꿈이 없었다면 어땠을까? 넬로가 과연 더 행복했을까? 먹고살기는 조금 나았을 거야. 그런데 그걸 행복이라고 확신을 가지고 말할 수 있을까? 이 책을 읽고 재인이는 넬로의 꿈에 대해 어떻게 생각할지 궁금하다.

그나저나 루벤스의 제단화는 얼마나 대단하길래 이런 이야기를 만들어 낸 걸까? 이 책을 쓴 작가 위다는 이 소설을 쓸 당시 실제로 책의 배경인 안트베르펜에 머물렀다고 해. 그리고 넬로가 그토록 보고 싶어 했던 루벤스의 작품을 보고 어린이들을 위한 동화를 써야겠다고 결심했대.

언젠가 재인이와 같이 안트베르펜, 지금은 앤트워프라고 불리는 벨기에의 항구 도시에 가서 루벤스의 그림을 직접 볼 수 있으면 좋겠다.

그곳에서 우리가 함께 읽었던 『플랜더스의 개』를 떠올리며, 넬로의 꿈과 재인이의 꿈, 그리고 엄마의 꿈에 대해 이야기해 보자.

뭐? 엄마도 꿈이 있냐고? 어머나 재인아, 나이가 많다고 꿈꿀 자격이 없는 건 아니란다. 이야기했지? 꿈꿀 자유는 누구에게나 있어.

– (사실은) 여전히 꿈꾸는, 엄마가

엄마에게

　엄마, 나는 『플랜더스의 개』가 좋았다고는 이야기할 수 없어. 재미는 있었어. 하지만 이 책을 좋아할 수는 없어. 나는 해피엔딩 스토리를 좋아하는데 이 책은 너무 슬펐어.

　넬로가 상도 받고, 이웃들에게 인정도 받고, 알로아와 결혼하는 결말이었다면 나는 이 책을 분명 좋아했을 텐데 모든 게 내 바람과는 정반대로 되었어.

　그래서 난 이야기의 초반이 더 좋았어. 넬로가 행복했잖아. 가난했지만 파트라슈와 할아버지가 곁에 있었고, 알로아와도 친하게 지내고 말이야. 뒤로 갈수록 한숨이 나왔어. 할아버지는 몸이 점점 안 좋아지고, 파트라슈도 늙어가고, 코제 아저씨는 알로아를 못 만나게 하고, 심지어 일부러 불을 질렀다는 오해까지 받잖아.

넬로는 잘못한 게 하나도 없는데 왜 이렇게 힘든 삶을 살아야 했던 걸까?

엄마는 넬로가 가진 화가라는 꿈이 안타깝다고 했잖아. 나 역시 그랬어. 넬로에겐 타고난 재능이 있잖아. 재능이 있는데 돈이 없다는 이유로 재능을 제대로 발휘해 보지도 못한다는 게 참 안타까워. 돈이 있어도 재능과 실력이 없는 사람들도 많은데 넬로는 돈으로 살 수 없는 실력과 재능이 있었잖아.

나랑 엄마도 이렇게나 안타까운데 넬로 옆에서 지켜 보시는 예한 다스 할아버지는 얼마나 속상하셨을까? 사실은 응원하고 싶으셨을 텐데 넬로가 꿈을 이루기 어려울 것이고, 화가라는 직업이 안정적이지 않다는 현실을 아시니까 응원도 못하시고 말이야.

그래도 나는 넬로의 편이 되어 주고 싶어. 넬로 정말 대단해. 나라면 넬로처럼 하지 못했을 거야. 좌절해서 꿈을 포기해 버렸을 것 같은데 넬로의 의지와 꿈에 대한 애착은 정말 남달라.

엄마랑 이 책을 읽고 나서 우연히 학교 수업시간에 반 친구들과 다 같이 한 번 더 읽게 되었어. 책을 읽고 '독서 골든벨'을 했는데 나 열 문제 중에 아홉 문제나 맞혔다. 잘했지? 그런데 내가 틀린 문제가 뭐였냐면 바로 '넬로가 보고 싶어 했던 그림을 그린 화가의 이름'을 맞추는 거였어. 지금은 정답이 뭔 줄 알아. '루벤스' 잖아. 그런데 그때는 생각이 날듯 말듯해서 '루벤소'라고 쓰는 바람에 아깝게 틀렸어.

그날 선생님이 우리에게 힌트를 주기 위해 책에서 넬로가 보고 싶어 했던 루벤스의 그림을 보여 주셨어. <십자가에서 내려지는 그리스도>와 <십자가에 올려지는 그리스도> 말이야. 나는 넬로가 소원이라고 말할 정도로 보고 싶어 했으니까 아주 아주 멋진 그림을 기대했는데 막상 보니 내 기준에는 하나도 멋지지 않았어.

그림 가운데에 있는 예수가 너무 발가벗고 있잖아. 다른 사람들은 다 옷을 입고 있는데 예수는 거의 입지 않고, 그리스로마 신화에서 신들이 입을 법한 옷을 다리에만 걸치고 있어서 이상했어. 할머니 댁에서 비슷한 그림을 본 적이 있는데 그 그림에서는 분명 옷을 입고 있었거든. 루벤스의 그림도 옷을 입는 편이 훨씬 나았을 거 같아.

대체 넬로는 왜 그 그림을 보고 싶어 했던 걸까? 그 그림은 왜 유명한 거야? 나라면 그런 그림은 좋아하지 않았을 거 같은데 말이야. 루벤스는 대체 어떤 화가길래 그런 그림을 그린 걸까?

내 마음에는 들지 않는 그림이었지만 넬로와 파트라슈가 죽기 전에 루벤스의 그림을 봐서 다행이라는 생각이 들어. 그림을 가리고 있던 천이 벗겨져 있었던 장면, 감동적이었어. 넬로와 파트라슈가 죽은 건 안타깝지만 그 그림을 보는 순간만큼은 넬로도, 넬로를 지켜보는 파트라슈도 행복했을 테니까. 뜻밖의 선물처럼 반갑고 기뻤을 거야. 언제나 예상하지 못했던 기쁨이 더 크니까 넬로도 정말 좋아했을 거야.

– 넬로의 편이 되어 주고 싶은, 재인이가

◌ 엄마, 루벤스라는 화가는 어떤 사람이야?

넬로가 그토록 보고 싶어 했던 <십자가에서 내려지는 그리스도>와 <십자가에 올려지는 그리스도>는 17세기 화가 페테르 파울 루벤스(1577~1640년)의 작품이야.

책 속에서 코제 아저씨가 그림을 그린다는 이유로 넬로와 알로아가 만나는 걸 반대하는 걸로 보아 당시에 화가는 가난한 직업군에 속하는 것 같지만 루벤스는 대단히 성공한 화가였어.

루벤스는 화가에게 주어지는 최고의 명예라고 할 수 있는 궁정화가 지위에 올랐어. 또한 그는 외교관으로 임명되기도 하고, 스페인 국왕과 영국 국왕으로부터 기사 작위를 받기도 했지. 루벤스는 부와 명예를 모두 거머쥔 화가였던 거야.

『플랜더스의 개』에 루벤스라는 이름이 참 자주 언급되었지? 책 속 배경이기도 한 안트베르펜은 루벤스의 고향이래. 루벤스는 안트베르펜에서 태어나 이탈리아로 유학을 갔다가 다시 돌아와, 그곳에서 생을 마감했다고 해. 바로크 미술의 대표주자인 루벤스가 그 고장 출신이었으니 안트베르펜 사람들이 얼마나 그를 존경했을지 짐작이 가지 않니?

지금도 루벤스는 안트베르펜, 그러니까 지금은 앤트워프라고 불리는 도시의 자랑이야. 앤트워프 성모 마리아 대성당에 가면 넬로가 그토록 보고 싶어 했던 <십자가에서 내려지는 그리스도>와 <십자가에 올려지는 그리스도>는 물론, 루벤스의 다른 작품인 <그리스도의 부활>과 <성모 승천>도 볼 수 있다고 해.

또 성당에서 멀지 않은 곳에 루벤스가 가족들과 함께 살았던 집도 있고, 그림을 그렸던 작업실도 있대.

어린 왕자를 기억한다는 건,
어린 시절의 나를 만난다는 것

어린 왕자

Le Petit Prince

Antoine de Saint-Exupery **앙투안 드 생텍쥐페리**

1942년, 뉴욕의 한 식당에서 점심을 먹고 있던 작가 생텍쥐페리는 흰 냅킨에 그림을 그리고 있었다고 해요. 그때 함께 식사하던 출판업자 히치콕이 생텍쥐페리에게 무엇을 그리고 있는 거냐고 물었고, 생텍쥐페리는 별것 아니라고, 그저 마음에 담아 가지고 다니는 한 어린 녀석이라고 대답합니다. 그의 그림을 보고 있다가 히치콕이 말을 이었어요.

"그 어린 녀석에 관한 이야기를 어린이용 책으로 써보시면 어떨까요? 이왕이면 올해 크리스마스 전에 책을 낼 수 있으면 참 좋겠습니다."

이렇게 우리가 아는 『어린 왕자』가 탄생합니다.

『어린 왕자』는 전세계 160여 개의 언어로 번역되었으며 지금까지 판매된 부수만 8,000만 부가 넘고, 불법으로 복제된 것까지 합치면 전세계적으로 1억 부 이상 팔렸을 것으로 추정됩니다.

『어린 왕자』를 읽지 않았더라도 책 표지에 그려진 어린 왕자 그림은 누구나 한 번쯤 봤을 거예요. 또 '진짜 중요한 건 눈에 보이지 않아', '만약 네가 4시에 온다면 나는 3시부터 이미 행복할 거야' 같은 책 속 명문장도 어디선가 들어볼 기회가 있었을 겁니다. 그만큼 유명한 소설이니까요.

사실 저는 이 책을 어른이 되어서야 읽게 되었습니다. 읽고 나서 '어린이 시절 읽었더라면 지금과는 많이 다른 느낌이었겠다' 싶어 아쉬웠고, 나중에 아이들과 이 책을 꼭 읽어야겠다고 결심했죠.

『어린 왕자』는 분량은 많지 않지만 재인이 혼자서는 책의 내용을 이해하기 어렵지 않을까 싶어서 한 페이지씩 번갈아 낭독하며 읽어 보았어요. 하지만 어려워할 것이라는 건 제 기우였습니다.

어른과 감상이 다를 수는 있겠지만 아이는 아이 나름대로 의미를 찾아가며 자신만의 독서를 하더라고요. 동생인 아인이도 이 책을 궁금해해서 그림책으로 된 『어린 왕자』를 읽어 줬는데 참 재미있어 했어요. 이 책 덕분에 내가 먼저 '이 책은 어려울 거야' '이 책은 재미있겠지?' 하고 어른의 눈높이에서 아이의 독서를 지레짐작하는 건 옳지 않구나, 어른과 어린이가 아닌, 온전한 한 명의 독자와 독자로 만나 책을 읽고 이야기 나눠야겠구나, 하고 다시 한 번 생각했어요.

재인이에게 묻고 싶은 게 하나 있어. 어린이 시절에 『어린 왕자』를 읽는다는 건 어떤 의미이니? 엄마가 만약 어린이로 돌아갈 수 있다면 다른 건 몰라도 『어린 왕자』만큼은 꼭 읽을 거야.

안타깝게도 엄마는 『어린 왕자』를 성인이 되어서야 읽었어. 오랫동안 읽지도 않았으면서 읽은 책인 줄 알고 지냈던 거 같아. 워낙 유명한 책이니까. 특히 도입부에 나오는 코끼리를 잡아먹는 보아뱀 그림이나 "네가 오후 4시에 온다면 난 3시부터 행복해지기 시작할 거야" 같은 문장은 워낙 여기저기서 많이 접해서 책을 안 읽은 사람에게도 익숙해. 심지어 문제집에서 발췌 지문으로 만난 적도 있으니 '읽은 줄' 착각하고 지냈어도 이상한 일은 아니지 않니?

그런데 제대로 읽어 보니 알겠더라고. '아, 난 이 책을 안 읽었었구나.' '이 책에 대해 하나도 모르고 있었구나.' 무엇보다 어릴 때 읽지 않은 것이 무척 아쉬웠어. 어린이 시절에 읽었다면 이 책을 어린 왕자의 시선으로 오롯이 즐길 수 있지 않았을까 싶었어. 하지만 어른이 된 엄마는 어린 왕자의 마음이 아닌 사막에 불시착한 비행사의 마음으로 읽어 나갔단다.

어린 왕자가 장미 하나를 귀히 여기는 모습을 보며 엄마는 재인이가 떠올랐어. 엄마 눈에는 그다지 특별할 것 없어 보이는 친한 친구에게 선물받은 작은 강아지 인형에게 이름을 지어 주고, 옷을 만들어 입히며 진짜 친구처럼 돌봐주던 재인이의 마음은 어쩌면 장미 한 송이를 소중히 여기던 어린 왕자의 마음과 꽤 많이 닮아 있는 거 같아.

어린 왕자가 여우를 만나는 장면에서는 가족과 소중한 친구들이 떠올랐어. 전세계 인구가 80억 명이 넘는데, 아니 전세계까지 갈 것도 없이 우리나라의 인구만 해도 5000만 명이 넘잖아. 그런데 그 셀 수 없이 많은 사람들 중에 우리는 어떻게 만나 친구가 되고 가족이 되었을까 싶어서 새삼스럽게 엄마를 둘러싼 모든 관계가 소중하게 느껴졌어.

엄마와 아빠의 예를 들어 볼까? 우리가 서로를 알아보지 못했다면 엄마에게 아빠는 셀 수 없이 많은 세상 사람 중 하나였고, 아빠에게 엄마 또한 그랬겠지? 하지만 여우와 어린 왕자가 서로를 길들였듯 엄마와 아빠는 서로를 길들였고, 서로를 필요로 하게 되었고, 서로에게 이 세상에 단 하나뿐인 존재가 된 거야. 멋지지 않니?

어린 왕자가 지구에 오기 전에 다른 별들을 돌며 만난 어른들의 이야기, 재인이는 어땠어? 엄마는 솔직히 말하면 얼굴이 좀 화끈거렸어. 명령하기를 좋아하는 왕과 자신을 칭찬하는 말만 듣는 허영꾼, 술 마시는 걸 부끄러워하는 주정뱅이, 별을 세는 사업가, 1분마다 가로등을 켜고 끄는 사람 그리고 지리학자를 차례로 만나며 어린 왕자는 고개를 갸우뚱하잖아.

그곳에서 만난 사람들에게 중요한 건 어린 왕자에겐 하나도 중요한 일이 아니었거든. 어른이란 존재를 이해할 수 없어 하는 어린 왕자의 모습을 보며 만약 엄마가 이 책을 어려서 읽었다면 어떤 마음이었을까 싶었어. 어린 왕자와 같은 마음이었을까? 어른인 엄마가 볼 때 어린 왕자가 만난 여섯 명의 어른들은 모두 주변에서 어렵지 않게 볼 수 있는 사람들의 유형이었거든. 엄마의 모습도 조금 보여 부끄럽기도 했고 말이야.

재인이의 감상이 궁금해. 어린 왕자처럼 여섯 개의 별에서 만난 어른들이 영 한심하고 이해가 가지 않았으려나? 아니면 좀 다른 생각을 했으려나? 아마 재인이 눈에도 썩 좋아 보이진 않았을 거 같아.

그런데 어쩌지? 우리가 살고 있는 지구에는 앞서 살펴 본 여섯 개의 별에서 만난 이해할 수 없는 사람들이 대거 살고 있거든. 책에서는 왕은 흑인왕을 포함해서 111명, 지리학자 7000명, 사업가 90만 명, 750만 명의 술꾼, 3억 1100만 명의 허영심으로 가득찬 사람들 등 그럭저럭 20억 명쯤 되는 어른이 살고 있다고 하지? 이 책이 쓰인 게 지금으로부터 80년 전이고 그 사이 인구가 많이 늘었으니, 어른의 수도 늘었겠다. 어쩌면 그중의 한 명은 엄마일지도 모르고 말이야.

어린 왕자를 읽으며 엄마는 두 가지 소망이 생겼어. 하나는 재인이가 어른이 되어 이 책을 꼭 다시 읽었으면 좋겠다는 생각이야. 다시 읽으며, 이 책을 처음 읽었던 열 살 재인이의 마음을 떠올리면 좋겠다. 이 책이 어린이였던 시절을 기억하게 하는 매개체가 되어줄 수 있을 거라고 생각해.

어른이 되면 자주 잊게 돼. 당장 하루를 살아내기 바빠서 많은 것들을 잊고 지내는데 그중 하나는 '나도 한때 어린이였지' 하는 생각이야. 책을 시작하며 작가인 생텍쥐페리가 친구인 레옹 베르트에게 쓴 짧은 편지를 기억하니? '어른들은 누구나 처음엔 어린이였다'라는 문장이 있었어. 그리고 '하지만 그것을 기억하는 어른은 많지 않다'라는 말도 덧붙여 썼지.

엄마는 이 부분을 읽으면서 "맞다, 정말 그래" 하며 크게 공감했어. 재인이도 어른이 되면 아마 『어린 왕자』를 읽었던 기억과 그 감상은 까맣게 잊고 말지도 몰라. 그러니 부디, 어른이 되어 이 책을 다시 읽으며 지금의 마음을 떠올리길 바라. 어린 시절의 순수한 마음은 정말 소중한 거야. 여우의 말 기억하지? 진짜 소중한 건 눈에 보이지 않아.

그리고 '서로가 서로를 길들이는' 여우와 어린 왕자와 같은 특별한 우정을 만났으면 좋겠어. '4시에 오는 친구를 기다리며 3시부터 설레는 마음'은 누구에게나 찾아오는 건 아니란다. 그만큼 특별한 관계를 가진 사람에게만 주어지는 선물이야. 평범한 날을 특별한 날로 만들어 주고, 여느 날과 꼭 같은 한 시간을 잊을 수 없는 한 시간으로 만들어 주는 것 또한 이러한 관계만이 부릴 수 있는 마법이지. 너의 여우를 만날 수 있길 바랄게.

책에서 말했듯, 울게 될 일이 생길 수도 있지만 그럼에도 불구하고, 겁내지 말고 길들이고 길들여지길.

　엄마에게 『어린 왕자』는 잊고 지냈던 어린 시절을 떠올리게 하는 책이었고, 어린 시절의 순수함이 그리워지는 책이었고, 내 곁의 길들여진 장미와 여우, 내 사랑하는 가족과 친구들이 생각나는 책이었어.
　재인이에게 『어린 왕자』는 어떤 책이었을까?
　무슨 이야기라도 좋으니 하나도 빼놓지 말고 이야기해 주기!

　　　　　　　　－이미 오래전에 재인이에게 길들여진, 엄마가

이번 책은 어른이 읽느냐, 어린이가 읽느냐에 따라 상당히 다른 느낌이 들 것 같아서 특별히 엄마를 '어른 엄마'라고 불러 보았어.

엄마, 난 어린이가 맞는 거 같아. 책의 처음 부분에 나온 그림 있잖아. 난 모자는 아닐 거라고 생각했어. 어른들 눈엔 정말 모자로 보여? 물론 중절모처럼 보이기도 하지. 어른들이 오해할 만 한 것 같아. 하지만 그림에 눈이 있잖아. 그래서 난 처음 그림을 봤을 때부터 뭔가 살아 있는 게 아닐까 싶었거든. 물론 코끼리를 삼킨 보아뱀까진 생각 못했지만.

근데 엄마, 좀 웃기지 않아? 세상에 코끼리를 삼킨 보아뱀이라니. 보아뱀이 어떻게 코끼리를 삼켜. 나도 어린이지만 거기까진 상상이 안 되거든. 그게 가능하려면 세상의 규칙이 깨져야 하는 것 아니야? 먹이사슬이 완전히 달라져야 할 거 같아.

엄마, 『어린 왕자』에 나오는 어른들이 어때 보이냐고 물었지? 솔직히 말해도 돼? 사실 좀 바보 같아. 한 명도 빠짐없이 다 이해하기 어려웠어. 대체 왜 그렇게 사는 거야? 여섯 개의 별에 사는 어른들 모두 진짜 진짜 이해 안 되지만 가장 심한 셋을 뽑아 보자면 아래와 같아.

3위는 별을 세는 사업가!
(아저씨, 이미 별에 살고 계시지 않으세요?)

2위는 명령하는 왕!
(명령할 만한 사람을 찾으세요!)

1위는 (두구 두구 두구) 술 주정뱅이!
(아저씨, 금주하세요! 술 마시지 말고, 맛있는 음료 한잔 마시러 지구로 여행 오세요! 저는 블루베리 레몬에이드를 추천할게요.)

엄마, 어린 왕자도 결국 어른이 되겠지? 왜 어린 시절의 순수함은 영원할 수 없는 걸까? 어린이의 마음을 그대로 가지고 어른이 될 수는 없는 걸까? 어른이 되면 대체 왜 어린이 시절을 잊는 거지? 나는 기억할 수 있을 거 같은데 말이야.

책을 보면서 어린 왕자는 어떤 어른이 될지 궁금해졌어. 그리고 내가 어떤 어른이 될지도 알고 싶어. 혹시 나도 내가 아까 한심하다고 생각했던 어른들처럼 되버릴까 봐 걱정이 되기도 해. 엄마와 아빠는 그런 어른이 아니라 다행이기도 하고. 아니겠지? 아닐 거야!

『어린 왕자』를 읽고 어른과 어린이의 생각 차이를 알고 나니, 문득 어린이들만 사는 세계가 있다면 어떤 모습일지 궁금해졌어. 어른의 도움 없이 밥도 스스로 해먹고, 배우고 싶은 것을 스스로 고민해서 결정하고, 필요하다면 어린이가 할 수 있는 일도 하며 돈을 벌고, 할 일이 끝나면 어른들에게 허락받지 않고 실컷 놀고!

5살부터 15살까지 어린이집이나 유치원, 학교에 다니는데 따로 선생님이 있는 게 아니라 언니 오빠들이 선생님이 되어 어린 동생들을 가르치는 거야. 어때, 가능할 거 같아?

지금은 이런 세상이 없으니까 상상이 되지 않지만 나나 어린 왕자처럼 순수한 어린이들만 할 수 있는 게 분명 있지 않을까?

어린이가 더 위대하고 어른은 아니라는 말이 아니라, 어린이의 위대함과 어른의 위대함은 서로 다르니까.

그런 세계라면 어린 왕자도 더 오래오래 머물지 않았을까?

– 어린이 재인이가

엄마, 『어린 왕자』 시작할 때, '이 책을 레옹 베르트라
는 어른에게 바친다'라고 쓰여 있잖아. 레옹 베르트가
누구야?

재인이도 그 부분을 보았구나? 엄마도 그 헌사를 읽고 나니
대체 '레옹 베르트'가 누구일까, 누구이기에 이렇게 세계적으로
유명한 책의 헌사 주인공이 된 걸까 싶었어.

레옹 베르트는 유대인 출신 프랑스 작가였어. 레옹 베르트는
생텍쥐페리보다 22살이나 많았지만 둘은 서로를 아끼고 이해
하는 좋은 친구였다고 해. 마음이 통하는 데 있어 나이는 별로
중요하지 않았던 거지.

『어린 왕자』가 쓰인 1943년은 제2차 세계대전이 한창이었
고, 유대인이었던 레옹 베르트는 당시 나치의 감시를 피해 다른
나라로 도망다니고 있는 형편이었다고 해. 생텍쥐페리가 헌사
에 밝힌대로 『어린 왕자』를 레옹 베르트에게 바친 것은 그를 위
로해 주고 싶은 마음 때문일 거야. 굶주림과 추위에 떨며 언제
어떻게 생을 마감할지 모른다는 불안감에 쌓여 있을 친구에게

아름다운 동화를 통해 따스함을 선물하고 싶었던 것 아닐까?

레옹 베르트 또한 여기저기로 도망다니면서도 생텍쥐페리의 다른 책 『인간의 대지』만큼은 반드시 챙겼다고 해. 자신을 숨겨 준 은신처 주인에게 장롱 안의 이불 사이에 『인간의 대지』를 감춰 달라고 부탁했을 정도로 끔찍하게 아꼈어. 레옹 베르트는 이 책이 부와 허영심의 상징이 아닌 우정 어린 선물이라서 소중하게 여기는 것이라고 이야기했대. 둘의 우정 참 멋지지 않니? 어린 왕자와 여우 같아.

그런데 있지, 레옹 베르트는 『어린 왕자』를 통해 생텍쥐페리가 자신에게 바친 아름다운 이 헌사를 그가 실종된 지 다섯 달 후에야 보게 되었다고 해. 전쟁 중이었고 레옹 베르트는 유럽에, 생텍쥐페리는 미국에 있는 상황이었으니까. 친구를 잃고 나서야 친구가 자신을 위해 쓴 글을 봤다고 상상해 봐. 레옹 베르트는 얼마나 슬펐을까? 짐작하기도 어려운 마음이야.

나중에 『생텍쥐페리에 대한 추억』이라는 레옹 베르트가 쓴 책도 함께 읽어 보자. 책을 통해 둘이 주고받은 아름다운 우정을 더 뜨겁게 느낄 수 있지 않을까?

네 안의
다른 너도 사랑할 수 있다면

지킬 박사와 하이드 씨

Dr. Jekyll And Mr. Hyde

Robert Louis Stevenson **로버트 루이스 스티븐슨**

"당신은 좋은 사람입니까, 나쁜 사람입니까?" 이 질문에 고민 없이 답할 수 있는 사람이 얼마나 될까요? 과연 완전히 선한 사람, 언제나 악한 사람이 존재한다고 할 수 있을까요? 가끔 예능 프로그램에서 볼 수 있는 등장인물 뒤로 천사와 악마가 양쪽에서 나타나 각자의 논리로 설득하는 모습이 오히려 우리의 모습과 흡사하지 않을까 싶어요.

인간이 가진 선과 악의 이중성을 이야기할 때 가장 먼저 떠오르는 책은 『지킬 박사와 하이드 씨』입니다. 『지킬 박사와 하이드 씨』를 읽지 않았다 해도 어렴풋이 어떤 내용일지 짐작하고 있는 분들이 많을 거예요. '지킬과 하이드'가 인간의 이중성을 일컫는 관용어처럼 쓰일 정도로 우리에게 익숙하고, 책뿐만 아니라 뮤지컬로도 많이 알려져 있으니까요. 배우 조승우 하면 떠오르는 노래 〈지금 이 순간〉 또한 『지킬 박사와 하이드 씨』를 원작으로 한 뮤지컬 〈지킬 앤 하이드〉에 수록된 곡이기도 합니다.

이 책은 1886년 발표되었는데, 출판 첫해에 4만부나 판매되는, 당시로서는 경이로운 흥행 기록을 낳았다고 해요. 이 소설이 인기를 끌었던 이유는 물론 작품 자체가 재미있기도 했지만, 사회적 배경도 한몫했다고 합니다. 한 사람의 내면에 다양한 인격이 공존할 수 있다는 지그문트 프로이트의 정신분석학이 처음 제시된 것이 이 무렵이라고 해요.

이 책은 재인이와 쉽지 않은 여정을 거쳐 읽은 책입니다. 앞쪽에 나오는 하이드 씨의 악행을 재인이가 무섭다며 싫어해서 몇 번을 펼쳤다 덮었어요. '그래, 아직 때가 아닌가 보다. 나중에 다시 같이 읽어야겠다'고 마음먹었죠. 그런데 어느 날 재인이가 저에게 이 책이 어떤 내용인지 설명해 줄 수 있냐고 묻더라고요. 흥미로워할 만한 내용 몇 가지를 짚어 주었는데, 처음부터 끝까지 무섭기만 한 책이 아니라는 판단이 섰는지 다시 한 번 도전해 보겠다고 했습니다. 그러더니 침대에서 뒹굴거리며 완전히 푹 빠져 단번에 읽었어요.

그러고는 이러더라고요. "엄마, 앞이 재미없다고 끝까지 재미없는 건 아니네!" 책에 흥미를 느껴하지 못할 땐 책에 대한 '예고'를 해 주는 것도 방법이겠구나, 싶었습니다.

　엄마가 고등학교 다니던 시절에 우연히 듣게 된 노래에 이런 가사가 있어.

　'내 속엔 내가 너무도 많아. 당신의 쉴 곳 없네.'

　그때 엄마는 열일곱 살이었는데, 이 가사에 얼마나 뜨끔했는지 몰라. 당시 엄마는 이제 막 고등학생이 되어 본격적으로 대학 입시를 위해 공부하던 시절이었는데 뒤늦게 사춘기가 찾아온 건지 한없이 까칠하고 예민했어. 불쑥 걷잡을 수 없이 화가 나서 엄마의 엄마, 그러니까 할머니에게 퍼붓기도 하고, 별것 아닌 일에 토라져 온종일 운 적도 있어. 화를 내고 엉엉 울면서도 엄마는 엄마 자신이 이해가 안 됐어.

　내 마음이 무엇 때문에 그러는 건지도 몰랐고 나 자신이 참 싫었어. 한참을 울고 한참을 화내고 나면 어찌나 후회가 되던지, 불과 몇 시간 전 과거의 내가 참 창피했단다. 내 마음에 잠시 악랄한 악마가 왔다 갔나 싶기도 했어. 그러다 저 가사를 듣고 생각했지.

'그렇구나. 내 속엔, 나 말고 어쩌면 또 다른 내가 살고 있는지도 모르겠구나.'

『지킬 박사와 하이드 씨』에 나오는 지킬 박사와 하이드 씨도 그랬어. 둘 다 '나'이지만 완전히 다른 인물이었지. 하이드 씨는 지킬 박사가 만든 약을 먹으면 나오는 또 다른 자아인데, 둘은 같은 사람이라고 볼 수 없을 정도로 달랐어. 외모는 물론이거니와 성품과 성격까지 서로 같은 부분이 하나도 없었지. 잘생긴 용모에 신사답고 지적이었던 헨리 지킬과 달리 에드워드 하이드는 키도 작고 외모도 추악하게 생겼음은 물론이거니와 도덕성도 전혀 없어서 어떤 악행을 저질러도 양심의 가책을 느끼지 않는 인물이었어.

지킬 박사와 오랫동안 친하게 지냈던 변호사 어터슨 씨조차 지킬 박사가 남긴 참회록을 보기 전까지는 둘이 같은 사람이라는 걸 몰랐어. 하긴 달라도 너무 달라서 제아무리 눈치 100단이어도 알아차리긴 힘들었을 거야.

처음엔 지킬 박사가 하이드 씨를 컨트롤할 수 있었어. 자신이 개발한 약을 먹으면 바로 지킬 박사로 돌아올 수 있었거든. 지킬 박사는 지루한 일상에서 하이드 씨로 변해 완전히 다른 삶을 살면서 일탈을 즐겼던 거 같아. 하지만 언제부턴가 자신이 원하지 않음에도 하이드로 변하게 되는 등 조절 불가능한 순간들이 찾아들지.

게다가 지킬 박사로서는 감당하기 힘든 일이 발생해. 글쎄, 하이드 씨가 살인을 저지른 거야. 지킬 박사는 결단을 내릴 수밖에 없었어. 하이드 씨로 또 변하게 되면 하이드 씨가 무슨 짓을 저지를지 아무도 모를 일이었어. 자신이 곧 하이드 씨였지만 지킬 박사는 하이드 씨가 두려워져.

물론 책 속 지킬 박사와 하이드 씨처럼 극단적으로 다르진 않지만 우리는 누구나 또 다른 나와 함께 살아간다고 생각해. 어떻게 항상 옳은 일만 하고, 좋은 말만 쓰고, 선한 행동만 할 수 있겠어. 사람은 누구나 양면이 있어. 단지 그런 마음을 스스로 단속하고 설득해서 보다 나은 행동을 하도록 노력하는 것이지. 교과서에 나오는 정답처럼 바른 행동, 옳은 말만 하는 사람이 과연 있을까?

가끔 친구가 미울 수 있어, 엄마가 싫을 수 있어, 선생님이 원 망스러울 수 있어. 그런 마음이 잘못된 건 아니야. 행여 못된 생 각이 마음의 주인이 되어 버렸다고 해서 자신을 탓하진 말았으 면 좋겠어. 사람이라면 누구나 품을 수 있는 자연스러운 마음이 란다.

때론 그보다 더 강도가 높은 '아, 나 정말 괴물인가 봐. 어쩜 이런 생각을 할 수 있어' 싶은 악랄한 마음이 너를 지배해 버리 는 순간이 올 수도 있어. 근데 있지, 분명히 말할 수 있는 건 '그 렇다고 하여 절대 괴물은 아니다'라는 거야.

엄마가 고등학교 다니던 시절에 엄마는 진짜 욕심이 많았어. 질투도 진짜 진짜 많고. 한 달에 한 번씩 모의고사라는 모의 수 학능력시험을 봤는데, 엄마는 엄마 자신의 점수보다 엄마 친구 의 점수가 더 궁금했어. 전달보다 점수가 올라도 친구보다 못 봤을 때는 우울하고, 친구보다 시험을 잘 봤을 때는 기분이 좋 았어. 진짜 못됐지?

그때 엄마도 그런 마음을 품는 게 참 싫고 괴로웠어. 나 스스 로가 너무 못난이 같고 친한 친구에게 그런 감정을 갖는다는 게 끔찍했어. 아무리 그런 마음을 안 가지려고 해도 자꾸만 못된 마음이 엄마를 지배해 버렸어. 괴로웠지. 나 자신이 미웠어.

그러다 이런 문장을 우연히 읽게 되었어. 양귀자 작가의『모순』이라는 소설의 한 구절이야.

> 나의 불행에 위로가 되는 것은 타인의 불행뿐이다. 그것이 인간
> 이다. 억울하다는 생각만 줄일 수 있다면 불행의 극복은 의외로
> 쉽다. 상처는 상처로밖에 위로할 수 없다.
>
> 『모순』, 양귀자, 쓰다, p.188

엄마 마음속 괴물은 엄마에게만 있는 게 아니더라. 인간이라면, 사람이라면 다 그렇다는 소설 속 문장에 엄마는 큰 위로를 받았고, 오히려 그때부터 마음이 여유로워진 것 같아. 괴물이 덜 찾아왔거든. 아마 엄마가 엄마 마음을 인정하면서 그 마음과 친해졌던 거 같아.

우린 누구나 내 안의 다른 내가 있음을 인정할 필요가 있어. 가끔 내 기대에 못 미치는 내가 불쑥불쑥 나타나더라도 미워하지 말고 슬퍼하지 말고 그 마음을 인정하고 품어주는 게 필요하

다고 생각해. '그럴 수 있어. 나만 그런 건 아니야' 하고 말이야.

물론 그 포용하는 마음은 다른 사람에게도 베풀어 주면 좋겠다. 가족이 또는 친구가 평소 네가 생각했던 것과 다른 말을 다른 행동을 하더라도 무조건적인 비난이 아닌 '그럴 수 있지. 그런데 왜 그랬을까?' 하고 먼저 보듬어 줄 수 있는 사람이었으면 좋겠어.

재인아, 우리 마음속 여러 가지 모양의 '나'와 친하게 지내자. '나' 자신과 베스트 프렌드가 될 수 있는 사람이 누구와도 잘 지낼 수 있다고 엄마는 생각해.

그래서 엄마는 엄마 자신과 친하냐고? 음, 지금도 친해지는 중이지만 꽤 많이 친해졌다고 생각해.

재인이도 재인이와 친해지길 바라. 누구보다 너 자신을 스스로 인정하고 사랑하는 사람이 되면 좋겠다.

– 어떤 모양의 너라도 사랑하는, 엄마가

엄마에게

엄마 말이 맞았어. 꾹 참고 끝까지 읽기를 잘한 것 같아.

나는 『지킬 박사와 하이드 씨』가 재미도 없고 무섭기만 한 책이라고 생각했어. 엄마는 대체 이 책이 뭐가 재미있다는 건지, 왜 읽어보라는 건지 이해가 안 갔는데, 참고 읽다 보니까 나도 완전 푹 빠져 읽었어. 이 책 덕분에 한 번 더 배웠어.

'앞 부분이 재미없다고 끝까지 재미없는 건 아니다.'

내가 의외로 재미있었다고 하니까, 엄마는 "역시 엄마 선택은 틀림없지?" 하면서 뽐냈지만, 솔직히 그 정도는 아니야. 엄마가 골라 준 책 중에 재미없는 것도 많았다고.

난 지킬 박사가 하이드 씨를 컨트롤 못하는 부분이 좀 무서웠어. 지킬 박사가 하이드 씨고 하이드 씨가 지킬 박사니까 자기가 자신을 컨트롤 못한다는 거잖아. 그 말은 하이드 씨를 조절할 수 있는 사람이 아무도 없다는 것이고.

모두가 하이드 씨를 무서워했잖아. 하지만 가장 무서운 건 지킬 박사 자신이었을 거 같아. 내가 나를 마음대로 할 수 없다니 얼마나 끔찍해. 게다가 친구와 하인들에게 들킬까 봐 벌벌 떨었을 거야. 들키면 바로 감옥행이니까.

대체 어쩌다 지킬 박사는 하이드 씨가 되는 걸 스스로 조절할 수 없게 되었을까? 엄마는 이유가 무엇이라고 생각해? 곰곰이 생각을 해봤는데 내 생각에는 벌을 받은 것 같아. 죄책감을 느끼면서도 범죄 행위를 계속해서 하니까, 스스로 멈추지 않으니까 신이 벌을 내린 게 아닐까?

지킬 박사와 하이드 씨가 같은 인물이라는 게 밝혀지지 않다가 나중에 지킬 박사가 친구인 어터슨 변호사에게 남긴 참회록을 통해 밝혀지잖아.

근데 내 생각에는 지킬 박사가 밝히지 않았더라도 전처럼 계속 이중 생활을 했다면 언젠가는 들켰을 거라고 생각해. 외모와 성격이 아무리 달라도, 절대 아니라고 잡아떼도 꼬리가 길면 밟히는 법이니까.

대체 지킬 박사는 하이드 씨라는 존재를 왜 만든 걸까? 내가 봤을 때 지킬 박사의 삶은 절대 지루하지 않을 것 같거든. 일하고, 친구 만나서 놀고, 서재에서 마음껏 책 읽고, 실험도 하고…… 이렇게 지내기에도 시간이 부족하지 않았을까?

그냥 지금의 자신과 완전히 다른 삶을 한 번 살아보고 싶었던 건가? 그래도 그렇지 지킬 박사와 하이드 씨는 달라도 너무 다르잖아. 지킬 박사는 착하고 현명한데, 하이드 씨는 괴팍한데다 잔인하고, 생김새도 지킬 박사는 길쭉길쭉한 반면에 하이드 씨는 난쟁이 같이 작고 무섭게 생겼잖아. 아무리 다른 인생이 살고 싶었더라도 범죄는 안 저지르는 인물로 만들었으면 좋았을 텐데.

나는 엄마가 편지에 쓴 『모순』이라는 책에 나온 구절이 너무 공감돼. 남의 불행이 나의 행복이 되는 거, 인정하고 싶진 않지만 나도 그렇거든. 수영 학원에서는 잘하는 순으로 줄을 서고 출발을 하거든. 근데 수업을 하다가 뒤에 있는 친구가 앞에 있는 친구보다 잘하면 바로 순서를 바꿔. 그래서 어떻게든 앞 친구를 앞질러 가려고 노력하는데 이때 내 노력이 성공하면 나에겐 행복이지만 친구에게는 불행이잖아. 또 사회시험 볼 때나 독서록 쓸 때도 '우리 반에서 내가 제일 잘 보면 좋겠다' '내가 제일 많이 쓰면 좋겠다'라는 생각을 하곤 해. 이런 생각을 안 하고 싶은데 나도 자꾸 욕심이 생겨. 친구보다 잘하고 싶은 욕심. 근데 막상 잘하고 나면 나는 좋지만 친구는 속상해할 때가 있어서 기분이 별로야. 『모순』은 어린이 책이 아니니까 나는 아주 한참 뒤에나 읽을 수 있겠지? 혹시 읽게 된다면 엄마랑 쓴 이 편지가 기억 날 거 같아.

엄마, 저번에 같이 차 안에서 뮤지컬 <지킬 앤 하이드>에 나오는 <지금 이 순간> 들었잖아. 스피커로 들을 때도 멋졌는데 실제로 들으면 얼마나 더 멋질까? <지킬 앤 하이드>는 14세부터 볼 수 있다고 했지? 초등학생은 왜 못 보는 거야? 아쉬워. 중학교 가면 꼭 같이 보러 가자.

근데 그때도 우리 '단둘이 북클럽' 하고 있으려나?

– 빨리 크고 싶은, 재인이가

"엄마, 달리기 시합할 때
혼자 뛰는 것보다 친구랑 같이 뛰면 더 빠른 거 같아."
"맞아. 엄마도 함께 뛰는 사람이 있으면 더 오래 뛰게 되더라."
"대체 왜 그런 거지?"
"왜 그렇긴. 그게 바로 우리가 단둘이 북클럽을 하는 이유 아니겠어?"

소소하지만
도움이 되는

단둘이
북클럽
이야기

회원이 둘뿐인데 규칙이 필요할까요?

회원이 둘뿐인 '단둘이 북클럽'이지만 규칙은 반드시 필요하다고 생각했습니다. 가족이어서, 둘이어서 더더욱 필요하지요. 엄마와 아이는 대부분의 일상을 공유하는 사이고, 세상에서 가장 친밀하고 각별한 관계잖아요. 친한 사이인 만큼, 규칙이 없으면 다른 일들이 핑계가 되어 흐지부지되기 싶습니다. 또한 아이는 독서모임 자체가 처음이니만큼 제대로 북클럽 문화를 알려주는 것도 필요하다고 생각했습니다.

단둘이 북클럽은 규칙을 처음부터 완벽하게 정하고 시작하지는 않았습니다. 운영하는 동안 더하기도 하고 빼기도 하며 우리에게 적합한, 더 나은 규칙을 만들어 갔습니다. 단, 엄마가 일방적으로 강요하는 방식이 아닌 아이의 의견을 더해, 회원 간의 의논을 통해 북클럽의 규칙을 정했습니다.

아래는 그렇게 정한 '단둘이 북클럽'의 규칙들입니다.

1. 읽는 책은 고전문학 완역본으로 한정한다.

2. 하루에 40페이지 이상 읽는다.

3. 한 권 완독에 걸리는 시간은 2주를 넘기지 않는다.

4. 책을 읽고 느낀 점을 담은 편지를 주고받는다.

5. 먼저 읽은 사람에게 다음 책 선택권이 주어진다.

6. 정기모임일은 매주 수요일로 정한다.

7. 함께 책을 읽으며 궁금했던 점은 수시로 나눈다.

규칙을 세울 때는 다음과 같은 항목을 고민해야 합니다.

1) 무엇을 읽을까

우선 어떤 책을 읽을지 정해야 합니다. 단둘이 북클럽은 '고전문학 읽기'를 목표로 하는 모임이어서 고전문학으로 그 범위를 한정했지만, 아이와의 북클럽을 꼭 고전문학으로 시작할 필요는 없겠지요? 아이의 연령과 취향을 고려하여 '어떤 책을 읽을지' 정해 주세요.

이왕이면 혼자 읽기 어려운, 도전이 되는 책이 좋다고 생각합니다. 북클럽의 강제성이 혼자였다면 쉽게 포기하고 흐지부지되었을 독서를 조금 더 단단하게 잡아 주니까요.

2) 언제까지 읽을까

두 번째로, 책 읽는 기한은 반드시 정해야 합니다. '1주일 안에 읽기' '열흘 안에 읽기'보다는 '몇 월 몇 일까지 하루에 몇 페이지씩 읽기'처럼 구체적으로 계획을 세우세요. '언제 다 읽나' 싶은 두꺼운 책도 하루 단위로 쪼개면 하루에 읽을 분량이 그렇게 많지는 않을 거예요. 하루 단위 계획으로 세우면 읽기 분량에 대한 마음의 부담도 줄어들고 자연스럽게 매일하는 독서를 실천할 수 있습니다. 읽기 진도표를 만들어 칭찬 스티커를 붙이거나 도장을 찍어가며 실천하면 성취감을 더해 줄 수도 있겠지요?

3) 어떻게 의견을 나눌까

단둘이 북클럽에서는 서로 편지를 주고받는 것을 독후활동으로 계획했지만 꼭 편지일 필요는 없습니다. 저는 단둘이 북클럽을 시작하기 이전부터 아이에게 책을 읽고 편지를 쓰고 있었기에 편지를 독후활동으로 정한 것뿐이에요.

하지만 함께한 북클럽의 추억을 기록으로 남기는 건 필요하다고 생각합니다. 아이의 연령과 성향을 고려해서 자유롭게 계획해 보세요. 한 줄 평을 남기거나 좋았던 문장을 필사하는 것 같은 어렵지 않는 활동부터 시작할 것을 추천합니다. 아이도 엄마도 마음에 부담이 가지 않는 계획이어야 오래할 수 있어요.

4) 읽을 책은 누가 정할까

읽을 책의 순서를 미리 다 정해두고 순차적으로 읽는 방식도 나쁘지 않지만 북클럽을 처음 시작하는 단계에서는 '책 읽기 선택권' 또한 아이들에게 재미 요소, 동기부여 요소가 될 수 있습니다.

단둘이 북클럽의 다섯 번째 규칙인 '먼저 읽은 사람에게 다음 책 선택권이 주어진다'는 이왕이면 엄마가 선택한 책을 읽는 것보단 자신이 선택한 책을 읽는 편이 좋지 않을까 해서 넣었던 규칙입니다. 솔직히 말하면 아이 속도보다 반 걸음 천천히 읽어서 웬만하면 아이에게 선택권을 줘야겠다 싶었는데 제가 일부러 천천히 읽을 필요가 전혀 없었어요. 아이가 '다음 책은 꼭 내가 읽고 싶은 책으로 골라야지' 하는 생각에 어찌나 부지런히 읽어 나가던지 제가 도무지 따라잡을 수가 없었음을 고백합니다.

5) 언제 모일까

매일 얼굴 보는 사이인데 '정기모임일'이 왜 필요하냐고 하시겠지만 저는 꼭 필요하다고 생각합니다. 아이와 회원 대 회원으로 만나는 날이에요. 평소에는 거의 따로 독서를 했지만 이날만큼은 함께 책을 읽었습니다.

함께 책 읽는 사진을 인증사진으로 남겨두기도 하고, 각자 어디까지 읽었는지 공유도 하고, 읽으면서 궁금했던 점에 대해서도 이야기 나눴습니다. 모임 내내는 아니었지만 서로가 서로를 '회원님'이라고 부르며 진지한 북클럽 분위기를 만들어 보기도 했어요.

아이와 함께 북클럽을 한다는 것은 부모와 아이가 아닌 독자와 독자라는 새로운 관계를 형성하는 것입니다. 이 관계를 견고하게 만들어 주는 것이 규칙이라고 생각해요. 무리하지 않는 선에서 규칙을 정하고, 정한 규칙은 가능한 한 지키려고 노력하는 것이 아이와의 북클럽을 지속하는 데 있어 가장 중요하다고 생각합니다.

꼭 고전문학이어야 하나요?

아이의 책을 함께 고르고, 아이에게 책을 읽어주는 부모님이라면 어쩌면 '북클럽'이라고 칭하지만 않았을 뿐 이미 북클럽을 하고 있는지도 모르겠습니다.

저도 역시 그랬어요. 오랜 시간 아이의 책 읽기에 공을 들였습니다. 매일 매일 아이에게 책을 읽어 줬어요, 읽기 독립을 한 후에도 아이가 읽는 책을 가능한 한 저도 읽어보려고 노력했고, 아이가 재미있어 할 만한 책이 집에 떨어지지 않도록 항상 신경 썼어요. 그 덕에 아이는 책을 좋아하는 아이로 무럭무럭 성장했습니다. 사실 북클럽 멤버인 재인이는 엄마와의 북클럽을 하지 않아도 스스로 알아서 잘 읽는 아이였어요.

하지만 '단둘이 북클럽'을 시작하고 아이와 함께하는 독서가 완전히 다른 국면에 접어들었음을 느꼈습니다. 그동안은 엄마로서 아이의 독서를 도와줬다면, 아이와의 북클럽은 독자 대 독자로 만나는 경험이었습니다. 엄마와 딸이라는 역할을 잠시 내려놓고, 그저 같은 책을 읽는 관계로 만나 책에 대해 이야기하고 나누는 과정을 통해 하나의 관계가 더 생겨남을 경험했습니다. 살아온 시간도, 서로의 관심사도, 취향과 성격도 많이 다른 모녀 사이지만 같은 책을 읽으며 같은 추억을 차곡차곡 쌓아갔습니다. 혼자였다면 읽기 힘들었을 책도 있었는데, 서로가 서로의 페이스 메이커가 되어 주며 고비를 넘겼어요. 읽는 과정이 힘들었던 책을 잘 극복하고 나면 어김없이 아이의 독서 스펙트럼이 넓어진 게 느껴졌습니다.

"꼭 고전문학이어야 하나요?"라는 질문에 맞지 않는 이야기를 이렇게 길게 하는 이유는 바로 다음과 같은 말을 하기 위해서입니다.

"꼭 고전문학이 아니어도 좋지만, 평소 아이에게 도전이 될 만한 책이면 좋겠다."

특히 책을 좋아하는 아이라면, 평소 읽는 책보다 조금 수준이 높거나 읽기 꺼려했던 책들로 독서모임을 하면 책의 허들을 조금 손쉽게 넘을 수 있습니다. 세상에서 가장 편한 상대인 '엄마' 와 함께하는 북클럽이긴 하지만, '북클럽'이라는 이름이 주는 강제성이 있거든요. 혼자였다면 하기 힘든 일을 '함께'라서 해 낸 경험들 있으실 거예요. 이 경험은 아이와 함께하는 북클럽에 도 동일하게 적용될 수 있습니다.

그때 그때 책을 선택하는 것도 좋지만, 도전이 될 만한 시리 즈물을 정해도 좋고, 평소 잘 읽지 않았던 분야의 책, 특정 작가 의 책 등으로 범위를 미리 한정하고 시작해도 좋겠습니다.

도장 깨기를 하는 마음으로 시작해 보세요. 처음 정했던 책들 을 다 읽었을 때 밀려오는 뿌듯함을 아이와 맘껏 느껴 보세요. 그리고 그 뿌듯함이 다 사라지기 전에 '시즌2'를 시작하시면 됩 니다. 언제까지 하냐고요? 한 명이 탈퇴하기 전까진 무한 시즌 으로 가는 겁니다. 가족이라 사실상 탈퇴가 어렵긴 하겠죠?

한 권으로 같이 읽으면 안 되나요?

다음 읽을 책을 정하고 나서 제가 꼭 가야 하는 곳이 있으니, 바로 '도서관'입니다. 집에 비룡소 클래식 시리즈가 있어서 한 명은 주로 비룡소 클래식으로 읽었어요. 사실 집에 있는 책 한 권으로 북클럽을 할 수도 있었어요. 아이가 학교에 가 있는 시간이나 잘 때 제가 읽고, 아이는 제가 읽지 않는 시간에 책을 읽으면 되니까요.

하지만 저희는 항상 도서관에서 책을 하나 더 빌렸습니다. 이왕이면 출판사와 번역가가 다른 책으로요. '따로 또 같이 읽는 즐거움'을 빼놓을 수가 없었거든요.

두 권이 있으니 우선 읽는 시간에 제약을 받지 않아 좋았습니다. 두 번째로 좋았던 점은 같은 내용이지만 옮긴이마다 다르게 표현해 놓은 번역을 비교하는 재미가 있었다는 점입니다. 책의 내용을 전부 비교하는 건 아니고, 읽으면서 밑줄 친 문장을 비교한다거나 책의 첫 문장이나 마지막 문장처럼 특정 문장을 비교하다 보면 '언어라는 건 참 흥미롭구나' 하는 생각이 절로 듭니다. 원문을 찾아 보고 싶은 호기심도 들고요.

아이와 『비밀의 화원』을 읽을 때 있었던 일이에요. 책 중간에 영국 요크셔 사투리가 나오는데 아이가 읽는 책과 제가 읽는 책의 사투리 표현이 달랐어요. 하나는 경상도 사투리 같고 하나는 강원도 사투리 같았달까요? 영어에도 '사투리'라는 게 존재한다는 것이 일단 흥미로워서 원문을 찾아보고 싶은 호기심이 들었습니다.

또 그걸 옮기는 과정에서 옮긴이가 얼마나 고민했을까 아이와 같이 생각해 보기도 했습니다. 사투리를 쓰는 마사와 디콘의 말만 찾아서 각자 소리 내서 읽고, 또 바꿔도 읽어가며 아이랑 하하호호 했던 기억이 나요. 한 권으로 같이 읽었다면 이런 표현의 다양성은 경험하지 못했겠죠?

참, 책의 본문 디자인에 따라 한 페이지에 들어가는 글의 양이 달라서 같은 완역본이더라도 페이지 수가 다른 경우가 많아요. 책 속 그림의 양에 따라서도 페이지 수가 달라질 수 있고요.

같은 내용인데도 어떤 책은 두껍고 어떤 책은 그보다 덜 하죠. 아이가 이 점을 참 의아해했어요. 왜 그런지 설명을 해 주었지만 눈에 보이는 두께가 확연히 달라서인지 어떤 책을 읽을지 항상 고민을 하더라고요.

아이가 고른, 아이 몫의 책이 페이지가 많을 때는 "이야, 엄마보다 더 두꺼운 책을 읽네?" 하고 치켜세워주면 엄청 뿌듯해했습니다. 아이가 얇은 책을 골랐을 땐 "엄마 책은 너무 두꺼워서 오래 걸리니까 좀 천천히 읽어 줄래?" 하고 엄살을 부리기도 했어요. 이 또한 서로 다른 책으로 읽으므로써 얻을 수 있는 하나의 재미였습니다.

그리고 도서관에서 책을 빌릴 경우 좋은 점이 하나 더 있습니다. '강제 마감일'이 생긴다는 점인데요. 소장하고 있는 책과 달리 일정 기간만 가지고 있을 수 있기 때문에 책을 게을리 읽을 수가 없습니다.

도서관 대여기간은 보통 2주일이죠? 반납일이 정해져 있기 때문에 2주일에 맞춰 읽기 스케줄을 짜게 되었고, 연체하고 싶지 않아서 어떻게든 노력하며 2주 안에 정해진 책을 읽곤 했습니다. 마감의 힘은 강력하니까요.

고전문학은 꼭 완역본으로 읽어야 하나요?

아이가 2학년 때 '단둘이 북클럽'을 시작했습니다. 시작할 때
만해도 아이가 고전문학 완역본을 읽어낼지에 대해서는 저도
큰 의구심을 가지고 있었어요. 일단 평소 읽던 창작동화보다 글
의 분량이 현저하게 많고, 흥미로운 삽화도 거의 없어 '아이가
흥미를 끝까지 이어나갈 수 있을까' 하는 걱정을 했습니다. 사
실 마음 한 구석엔 '그래, 일단 해보고 어려워하면 고전 말고 다
른 책으로 하면 되는 거지' 하는 마음이 있었죠.

이런 제 걱정과 달리 아이는 엄마와 함께하는 고전문학 읽
기에 큰 흥미를 보였습니다. 독서 분량이 적은 책부터 시작해야
겠다고 마음먹고 있는 저에게 "엄마, 우리 『하이디』부터 읽자!"
하고 먼저 제안한 것도 아이였습니다.

『하이디』는 아이가 축약본 어린이 고전 시리즈에서 먼저 읽고 무척 좋아하던 책이었거든요. 아기자기하고 얄팍한 어린이용 축약본과 달리 거의 500페이지에 육박하고, 그림 없이 빼곡하게 글씨로 가득 차 있는 완역본을 아이는 두려워하기보다는 오히려 좋아했어요.

"내가 읽은 거보다 훨씬 두꺼우니까 이야기도 더 많이 들어 있는 거지?『하이디』읽으면서 재미있는데 너무 빨리 끝나 버려 아쉬웠거든." 이라고 말하며 눈을 반짝였습니다.

아이가 걱정보다는 기대로, 두려움보다는 설렘으로 엄마와의 고전문학 읽기를 시작할 수 있었던 건 이처럼 어린이용 고전 시리즈를 먼저 접했기 때문이라고 생각합니다. 대뜸 벽돌처럼 두툼한『하이디』를 들이밀었더라면 아이는 아마 멈칫하고 한 걸음 뒤로 물러섰을지도 모르겠어요.

하지만 재인이는 축약본을 통해 알고 있었습니다.『하이디』라는 책이 얼마나 재미있는지. 그 덕에 책이 두껍다는 건 부담이 아니라 '내가 좋아하는 그 이야기가 더 자세하게 쓰여 있는 것'이라고 기대할 수 있었던 거죠.

어린이를 위한 축약본 고전문학에 대한 의견은 항상 두 가지로 갈립니다. 원전을 온전하게 담아내지 못한 반쪽짜리 독서에 그친다는 의견과 고전에 대한 호기심을 자극하고 어떤 책을 읽을지에 대한 기준이 되어 줄 수 있다는 의견. 저는 후자의 의견을 가지고 있습니다.

아이가 고전을 읽기 시작한 건 초등학교 1학년 때의 일입니다. 도서관에서 아기자기한 일러스트가 들어가 있는 어린이용 축약본 고전 시리즈를 우연히 발견했는데 아이가 크게 흥미를 보였어요. 서너 권을 대출하더니 그날 저녁에 다 읽고 다른 책을 더 읽고 싶다고 하더라고요. 책에 대한 정보를 찾다 보니 인터넷 후기가 나쁘지 않았습니다. '앉은 자리에서 몇 권씩 읽는다' '평소 책을 좋아하지 않았는데도 재미있게 읽었다' 등의 후기가 보였어요. 어린이라는 타깃에 맞춰 내용을 축약하다 보니 사건의 전개가 빠를 수밖에 없고 이런 전개가 아이들의 시선을 잡아끌었겠구나 싶었습니다.

때마침 팔로워하고 있던 인플루언서 분이 해당 시리즈의 공동구매를 진행하고 계셔서 좋은 가격으로 전권을 다 구매했습니다. 아이가 한동안 푹 빠져서 지냈어요. 아이 책을 몇 권 같이 읽어 보았는데 완역본을 읽어 본 저로서는 아쉬운 점이 있을 수

밖에 없었지만 아이들 눈높이에서 흥미롭게 접근할 수 있도록 쓰여 있고, 중요한 사건들은 놓치지 않고 다루고 있어 이야기의 맥락을 파악하는 데는 나쁘지 않겠구나 싶었습니다.

약 50여 권의 책들 중에는 아이가 크게 흥미를 느껴 몇 번을 반복해서 본 책도 있고, 읽다가 덮어 둔 책도 있어요. 덕분에 자연스럽게 어떤 책을 좋아하는지 파악이 되었고, 나중에 원전을 같이 읽는다면 이런 책부터 읽어야겠구나, 하는 나름대로의 계획이 섰습니다.

얼마 전에 읽은 『최소한의 고전 수업』(김인아 지음, 청림라이프 펴냄, 2024)에 어린이용 고전에 대한 이런 내용이 있었습니다. 어린이용 고전은 아이들이 원전을 읽는 데 든든한 받침대가 될 수 있고, 스포일러 역할을 해줄 수 있다는 의견이었어요. 영화 예고편을 보고 어떤 영화를 볼지 결정하듯, 아이들이 어린이용 고전을 재미있게 읽었다면 그 책은 원전도 읽어 보고 싶은 욕심을 낸다는 것입니다.

생각해 보니 정말 그렇습니다. 가끔 그런 책이 있잖아요. 너무 재미있어서 끝나는 게 아쉬운 책, 이대로 끝나는 게 아쉬워 다음 권은 없는지 찾게 되는 책 말이에요. 어린이용 고전으로

'진짜 재미있게 읽었던 책'이 '더 두꺼운 책'으로 존재한다는 사실은 어쩌면 아이들에게 꽤 신나는 일인지도 모르겠습니다.

어린이용 고전을 읽고 흥미를 보이는 책이 생겼다면 잊지 말고 꼭 이야기해 주세요.

"그거 알아? 이건 어린이용으로 짧게 줄여 놓은 책이고 사실은 다른 내용이 더 있어. 내용이 풍성해서 훨씬 더 재미있을 거야. 나중에 엄마랑 같이 읽어 보자."

어디까지 읽었냐고 묻지 마세요

　같은 책을 읽는다는 건 같은 경험을 공유하는 것이라고 생각합니다. 어린 시절을 같이 보낸 친구를 만나면 시간 가는 줄도 모르고 함께 보냈던 옛 시간에 대해 이야기를 나누는 것처럼, 같은 책을 읽고 만난 사이라면 재잘재잘 할 이야기가 끊이질 않습니다.

　아이와 같은 책을 읽어 보세요. 정말로 할 이야기가 많아집니다. "학교에서 어땠어?" "오늘 뭐하고 놀았어?" 같은 일상의 대화 외에 평소랑 다른 주제로 이야기할 수 있어 더 좋지요.

　그런데 아이랑 같은 책을 읽다 보면 아이가 영 안 읽는 것 같아 조금 채근하고 싶어질 때가 있으실 거예요. 그때 "어디까지 읽었어?" "몇 쪽까지 읽었어?"라고 묻지 마세요. 대신 책 속 사건이나 인물들을 통해 말을 걸어 보세요. 이왕이면 흥미진진한 사건에 대해서라면 더 좋겠어요.

단둘이 북클럽에서 『빨간 머리 앤』을 읽을 때 있었던 일이에요. 재인이가 읽는 둥 마는 둥하더라고요.

"재인아, 혹시 앤이 다이애나를 집에 초대한 장면 읽었어?"라고 말을 걸었습니다. 리코더 연습에 푹 빠져 책은 영 안 읽던 시기였거든요. 안 읽었을 거 빤히 알면서 시치미 뚝 떼고 말을 걸었죠. 역시나 아직 안 읽었다며 왜 그러냐고 묻더라고요.

"진짜? 엄마는 오늘 아침에 그 부분 읽었는데 정말 재미있었어. 엄청난 반전이 있거든. 이걸 말해야 하나, 말아야 하나? 근데 이거 지금 말해 주면 재인이가 재미없겠지? 이야기하고 싶어서 입이 간질간질하다."

넉살 좋게 웃으며 저는 아이의 호기심을 한껏 자극했어요. 리코더 연습 그만하고 책을 좀 읽으면 어떻겠냐거나, 요즘 왜 책을 안 읽느냐거나, 빨리 읽으라고 채근하지 않았습니다.

하지만 효과는 아주 좋았어요.

그날 밤, 재인이가 한껏 흐뭇한 표정으로 달려와 제게 먼저 말을 걸더라고요.

"엄마, 나 그 부분 읽었어!"

자, 이제 할 일은 무엇일까요?

신나게 대화를 나누면 됩니다. 주스인줄 알고 포도주를 대접한 앤의 기분이 어떨지, 다이애나 엄마가 앤과 더 이상 놀지 못하게 한 것에 대해 어떻게 생각하는지 재잘재잘 책 수다를 즐겨 보세요. 책을 읽고 엄마와 신나게 나누는 대화만큼 좋은 독후활동이 또 있을까요?

이런 시도, 아이와 엄마가 함께 읽고 있기 때문에 가능한 거겠죠? 엄마가 억지로 시켜서가 아니라, 엄마가 빨리 읽으라고 채근해서가 아니라, "나도 빨리 엄마 읽는 부분까지 읽어야지" 하고 스스로 동기 부여할 수 있도록 도와주세요.

참, 주의사항 한 가지.

상황에 따라 반대의 경우도 생길 수 있음을 미리 알립니다.

"엄마, 앤이 시 낭송회 하는 부분 읽었어?"

"아니. 요즘 엄마 바빠서 영 못 읽고 있네."

"진짜? 아, 거기 정말 감동적인데 얼른 읽어. 엄마! 안 그러면 스포할 거야!"

자자, 그러니 우리 부지런히 읽어야겠죠?

지키든 못 지키든
독서 계획을 짜고 시작하세요

솔직히 이야기하겠습니다. 저는 혼자 책 읽을 때 '언제까지 읽어야겠다'랄지, '하루에 몇 쪽까지 읽어야겠다'라고 계획하지 않습니다. 분주하고 산만한 병렬 독서가임을 고백합니다. 한 번에 10권 이상의 책을 여기저기에 두고 손에 잡히고, 눈에 보일 때마다 읽고 있어요. 완독하지 못하는 책도 많고 사두고 읽지 못하는 책도 부지기수.

하지만 아이와 함께하는 북클럽은 다르지요. 대문자 P 엄마도 자발적 J가 되기 위해 노력합니다. 본성을 거스르는 노력을 해 보는 이유는 바로 딸의 성향 때문이에요. 북클럽 멤버 재인이는 슈퍼 J라서 계획을 짜고, 계획에 맞춰 실천하는 것에 큰 성취감을 얻는 편입니다. 아이에게 맞춰 주고자 계획을 짜서 읽기 시작했는데, 지금은 저 또한 하루하루 독서 계획을 실천함으로써 뿌듯함을 느끼고 있어요. 서로에게 스트레스가 되지 않는 선에서 느슨하게라도 계획은 있어야 합니다. 계획이 있고 없고는 북클럽 운영에 있어 차이가 큽니다. 계획이 있어야 책임감도 조금 더 생기고요.

단둘이 북클럽에서는 한 권의 책은 아무리 두꺼워도 2주를 넘기지 않고 완독하려고 노력합니다. 10~14일 정도로 나눠서 읽고 있어요. 300페이지 정도의 책이라면 하루 30페이지씩, 열흘 동안 읽습니다. 너무 오랫동안 한 책을 읽고 있으면 읽는 동안 앞의 내용을 잊기 쉽고, 일정이 길어지면 길어질수록 책에 대한 흥미도 떨어져서 완독과도 멀어집니다.

단둘이 북클럽에서는 책 앞에 독서계획표를 붙여 두거나, 플래그로 하루 분량을 미리 나누고 읽었어요. 독서계획은 그날 읽을 '최소한의 분량'을 정하기 위함이고, '최대 완독 날짜'일 뿐입니다. 다시 말해, 함께 정한 스케줄을 칼같이 딱 지키는 것이 목적이 아니었어요. 더 읽고 싶은 날은 얼마든지 더 읽어도 됩니다. 다만, 최소한 분량은 꼭 지켜 읽자는 것이 저희 북클럽 계획표의 목적이었습니다.

대부분의 경우 아이가 먼저 정해진 스케줄을 끝내곤 했습니다. 성향의 차이도 있었지만, 엄마와 동등하게 지켜 나가는 스케줄을 자신이 먼저 끝내고 싶어 했어요. 어른인 엄마와 똑같이 무언가를 한다는 자체로도 뿌듯해했지만 뭐든 자신보다 빨리하고 잘할 것 같은 엄마보다 책을 먼저 읽었다는 사실을 무척이나 자랑스러워하고, 그 자체로 또 다른 종류의 성취감을 느끼더군요.

하지만 결단코 아이의 긍정적 감정을 유도하기 위해 일부러 천천히 읽진 않았어요. 최선을 다해 읽었습니다만, 아이의 속도를 따라가기 어려웠습니다.

재인이가 책을 빨리 읽는 아이여서가 아니라, 진심으로 즐겁게 읽었기 때문이라고 생각합니다. 어려워 보이고 낯설어 보이지만 일단 빠지면 그 어떤 책보다 흥미진진하게 읽을 수 있는 책이 바로 고전문학입니다. 몇 백년간 전세계인의 사랑을 받는 데는 이유가 있겠죠?

본의 아니게 역사 공부, 어쩌다 보니 작가 공부

고전문학은 내용 자체가 어렵다기보다 이야기의 배경이 우리가 살아가는 현대가 아니다 보니, '낯설어서' 어렵게 느껴지는 것 같습니다. 그럴 땐 책이 쓰일 당시의 시대상을 먼저 살펴봐도 좋겠습니다. 1800년대 영국에서 쓰인 책이라면, 1800년대 영국 사람들은 어떤 옷을 입었고, 무엇을 즐겼는지, 역사적인 사건은 어떤 것들이 있었는지 살펴보면 책에 대한 이해는 물론 흥미도 높일 수 있어요.

먼저 찾아보고 시작해도 좋지만, 책을 읽으며 궁금증이 들 때마다 함께 찾아보는 것도 방법입니다. 단둘이 북클럽에서는 주로 서양문학을 읽었어요. 『빨간 머리 앤』의 마릴라 아주머니와 매슈 아저씨는 영국인인데 왜 캐나다에 살게 된 건지, 『작은 아씨들』의 아버지는 어떤 전쟁에 나갔던 건지, 『80일만의 세계일주』에서 80일만에 세계 일주를 한다는 게 왜 대단한 일이지 등을 재인이와 함께 찾아보며 공부했습니다.

작정하고 '역사 공부해야지' 하고 했다면 아마 이렇게 재미있게 접근하기는 어려웠을 거예요. 내가 즐겁게 읽고 있는 책의 주인공을 조금 더 이해하고 싶어서 시작한 일이었기에 틈만 나면 서로 질문하고, 찾아보며 흥미를 더해갈 수 있었습니다.

책을 읽고 아이가 먼저 질문하긴 어려울 수도 있어요. 이럴 땐 엄마가 먼저 질문해 주세요.

"재인아, 『하이디』에서 말이야. 왜 하이디는 클라라네 집에서 먹던 하얀 빵을 옷장에 감춰둔 걸까? 페터 할머니에게 드리고 싶어서 그런 거라고 했잖아. 알프스에서는 하얀 빵을 구하기 어려운가?"

"그러게, 알프스에선 빵이 귀한가?"

"같이 찾아 보자!"

단둘이 북클럽에서는 이런 대화가 자주 오갑니다. 모르고 읽어도 재미나지만 알고 읽으면 훨씬 더 재미있다는 사실을 기억해 주세요.

작가에 대해서도 마찬가지입니다. 작가의 삶을 알고 나면 책
이 더 특별하게 느껴져요. 그냥 『작은 아씨들』을 읽을 때보다,
책이 작가인 루이자 메이 올컷의 자전적인 이야기이라는 것,
둘째인 조가 작가 자신을 모델로 하고 있다는 것을 알고 읽으면
당연히 더 재미있지 않을까요?

우리끼리 책거리, 무비 데이

한 권의 책을 함께 읽고 나면 휴식기를 가졌습니다. 쉬는 동안에 다음에 읽을 책을 준비하기도 하고, 일종의 독후활동이라고 할 수 있는 편지를 쓰기도 했어요. 그리고 또 한 가지. 우리끼리 '무비 데이'를 열었지요.

고전문학은 오랜 시간에 걸쳐 많은 사랑을 받았던 작품인 만큼 이미 드라마나 영화 같은 영상물로 제작되어 있는 경우가 많이 있습니다. 관련 영화가 있는지 미리 찾아보고 책을 읽기 전에 "우리 이 책 다 읽고 같이 영화도 보자" 하고 아이에게 미리 귀띔하면 기대하는 마음을 가질 수 있어요. 요즘 아이들 중 영상 싫어하는 아이들이 여간해선 없지요.

어떤 영상이든 간에 고전문학이 가진 풍성함을 그대로 담아

내긴 어렵지만 정리하는 의미로 영상을 활용할 수 있다고 생각합니다. 고전문학 완역본은 요즘 아이들이 즐겨 읽는 책처럼 컬러풀한 일러스트가 함께 있는 책이 아니기에, 책 속 내용은 독자 스스로 만든 이미지로 남기 마련입니다. 책을 읽으며 등장인물의 얼굴 생김새와 표정을 떠올려 보고, 책의 배경이 되는 장소의 모습을 상상하기도 하죠. 책을 읽고 난 후 영화를 보면 자신의 상상과 영화 속 장면을 비교하는 재미도 쏠쏠합니다.

단, 반대 순서는 곤란합니다. 영화를 먼저 보고 책을 본다면 영화 속 이미지에 국한된 상상을 할 수밖에 없지요.

또한 영화 속 인물의 옷차림이나 집, 도시의 모습 등은 전문가의 고증을 거치는 경우가 대부분입니다. 영화를 통해 책을 읽으며 다소 낯설었을 시대 배경에 대해 알 수 있고, 이후 비슷한 시대의 책을 읽을 경우 이해에 도움이 되기도 합니다.

그리고 이 모든 유익함을 떠나, 아이와 함께 같은 책을 읽고 같은 영화를 보는 것, 그 자체로도 큰 즐거움입니다.

"엄마, 그거 알아? <작은 아씨들> 영화에서 메그 역할을 <해리포터>에서 헤르미온느 역을 했던 배우가 맡았어."

"어머, 정말 그러네?"

"헤르미온느가 큰 언니인 메그 역할이 과연 어울릴까? 난 상상이 안 돼."

"오늘밤 무비 데이에서 같이 확인해 보자!"

영화를 기대하며, 영화를 보며, 영화를 보고 난 후 다시 한 번 책과 연관 지어 신나게 대화를 나눌 수 있어요.

이런 대화는 엄마와 아이가 같은 책을 읽었기 때문에 가능한 대화겠죠?

회원님, 오늘은 북클럽 정기모임일입니다.

멤버가 한 가족이니 매일 보는 사이인네 왜 정기모임일이 필요하냐고 하실 수도 있지만 이왕 만든 북클럽, 제대로 운영해보자는 마음이 들어서 '정기모임일'을 정했습니다. 아이도 저도 가장 한가한 '수요일 방과후'로 정했어요. 장소는 집이 아닌 집 근처 카페에서 하기로 하고, 함께 읽는 책은 물론 다른 읽을 것들을 챙겨서 2~3시간 정도 함께 시간을 보냈습니다. 저도 아이도 손꼽아 기다리는 시간이었어요.

평소에는 따로 책을 읽지만 정기모임일에는 한 공간에서 함께 읽는 시간을 가졌어요. 함께 읽으며 상대가 어디까지 읽었는지도 체크도 하고, 읽으면서 궁금했던 점이나 좋았던 부분에 대해 이야기 나눴습니다.

이날 꼭 하는 것 중 하나는 기념사진을 남기는 일. 아시죠? 남는 건 사진입니다. 아이와 함께하는 북클럽은 '책 읽기' 자체가 가장 큰 목적이겠지만, 그에 못지않게 책을 통해 추억을 남긴다는 의미도 가지고 있어요. 아이와 어떤 책을 읽었는지 항상 '인증샷'을 남겼는데 이 사진을 정기모임일에 찍곤 했습니다. 모아놓고 보니 얼마나 뿌듯하던지요.

집에서 정기모임을 가져도 되지만 카페로 장소를 정한 이유는 아이가 조금 더 좋아했으면, 기다렸으면 하는 마음에서였어요. 그리고 적당한 긴장감을 가질 수 있게 이왕이면 평소와는 다른 환경이면 좋겠다고 생각했어요. 그래서 아이가 좋아할 만한 간식이나 음료 파는 곳을 일부러 찾아 데이트하듯 데리고 다녔습니다. 어쩌면 아이에게는 엄마와의 책 읽기보다 맛있는 간식이 있는 카페 방문이 정기모임일의 즐거움이었는지도 모르겠어요.

하지만 그러면 좀 어떤가요? 책 읽는 게 이렇게 즐거운 일, 북클럽이 이렇게 신나는 일, 엄마랑 함께한다는 게 이렇게 재미있는 일이라는 걸 조금 더 알았다면, 이 시간을 진심으로 좋아해 준다면 그것만으로도 벅찰 만큼 기쁜 걸요.

주 1회가 많다면, 2주에 한 번, 한 달에 한 번도 괜찮습니다.

각자의 상황에 맞는 주기로 '공식적인 정기모임일'을 만들어 보세요. 그리고 아이에게 이렇게 말해 주세요.

"회원님, 오늘 오후 2시에 집 앞 OO카페에서 북클럽 정기모임 있는 거 잊지 않으셨죠?"

이왕이면 평소와 다른 진지한 말투면 좋겠습니다.

"엄마, 뭐하는 거야?" 하면서 피식 웃을지도 모르겠지만, 엄마와의 북클럽을 남다른 무게로 받아들이고 정기모임일을 기다리게 될 거예요.

자, 그럼 맛있는 디저트 파는 카페 검색 시작?

책을 좋아하지 않는 아이와도 가능할까요?

아이가 책을 좋아하지 않는다면 엄마와 함께하는 북클럽이 어쩌면 책을 좋아하는 계기가 되어줄 수 있습니다. 아이들 책 읽기 관련 책에서 빠지지 않고 나오는 질문이죠.

"책을 좋아하지 않는 아이, 어떻게 하면 책을 좋아하게 할 수 있을까요?"

전문가들은 한결같이 이야기합니다.

"부모님이 먼저 책 읽는 모습을 보여 주세요."

아이들은 엄마 아빠가 하는 행동을 다 보고 있어요. 관심이 없는 척하면서도 세심하게 관찰하고 있죠. 그리고 슬그머니 따라합니다. 엄마, 아빠가 먼저 재미있어 죽겠다는 표정으로 책을 읽고 있으면 아이도 슬그머니 옆에 와서 앉을 거예요.

이처럼 엄마, 아빠의 책 읽는 모습만 봐도 눈을 반짝이며 호기심을 보이는 아이들인데 만약 같은 책을 같이 읽는다면 어떨까요? "우리 이 책 같이 읽자!" 하는 말에 대부분의 아이들이 눈을 반짝이며, "내가 엄마랑 같은 책을 읽는다고?" 하며 신나할 거예요. 책을 좋아하지 않던 아이들도 '같이'라는 말에 눈이 번쩍할 거라고 믿습니다.

하지만 그렇지 않은 경우도 분명 있겠지요? 이때 '역시 우리 아이는 책을 안 좋아하는구나' 하고 포기하시면 안 됩니다. 그럴 수 있어요. 그럴수록 더 적극적으로 아이에게 한 발자국 다가가 보세요. 엄마가 고른 책이나 아이가 읽었으면 하는 책이 아닌 아이가 좋아하는 책이나 아이가 고른 책으로 시작하는 것도 방법입니다. 평소 책 읽기를 즐기지 않는 아이라도 좋아하는 책은 분명히 있을 겁니다. 한 권이라도 있을 거예요. 학교나 유치원에서 어렵지 않게 책을 접하니까요.

"같이 읽는 게 싫다면 엄마 책 하나만 추천해 줄래?" 하고 넌지시 말을 걸어 보세요. 아이들은 무슨 말인가 싶어서 의아한 표정을 짓겠죠?

"엄마가 보니까, 요즘 재미있는 어린이책이 많던데 한 번 읽어 보고 싶어서 그러지. 어린이책이라고 어린이만 읽으라는 법이 어디 있어!" 하면서 더 적극적으로 의견을 내 보세요.

아이에게 어떤 책이 재미있는지 추천해달라고 조르고, 다 읽고 나서 추천해 준 책이 너무 너무 재미있었다며, 우리 OO이가 책을 정말 잘 고른다고 칭찬해 주세요.

책 읽을 때마다 생각날 거예요. '이것도 엄마에게 추천해 줄까' 하고. 혹은 엄마에게 책을 추천하고 싶어서 안 읽던 책을 집어들지도 모르겠습니다.

시차는 있지만 아이가 읽은 책을 엄마가 같이 읽음으로서, 이미 북클럽이 시작된 셈이죠. 아이가 추천해 준 책을 읽고 아이에게 말을 걸어 보세요.

"엄마는 책 속에 주인공의 행동이 정말 이해가 안 가는데, 너는 어떻게 생각해?" "너는 책 속에서 가장 좋아하는 인물이 누구야? 엄마는 주인공 할머니가 마음에 들던데" 하는 식으로 아이에게 일방적으로 묻기보다는 먼저 엄마의 의견을 이야기하며 책을 매개로 활용하여 새로운 대화를 시작해 보세요.

아이가 추천해 준 책을 엄마가 먼저 충분히 읽은 다음 다시 한 번 "이 책이 그렇게 재미있다는데 혹시 읽었어? 같이 읽을래?" 하고 권해 보세요. 이전보다 훨씬 마음이 열린 표정을 보실 수 있을 거라고 생각합니다.

책 읽기에 익숙하지 않은 아이라면 시간을 정해 같이 읽는 것
도 방법입니다. 책 읽는 시간은 가능하다면 반드시 지키는 일상
속 루틴에 붙여서 정해 보세요. 하루 30분 읽기가 아니라 저녁
식사를 마친 후 30분 읽기, 오후에 20분 읽기가 아니라 피아노
학원 가기 전 20분 읽기, 이런 식으로 당연히 해야 하는 일 전
후로 독서 시간을 끼워 넣어 보세요. 독서 시간을 잊지 않을 수
있어 계획을 조금 더 수월하게 지킬 수 있습니다.

아이와의 북클럽, 참 좋은데, 좋은 거 너무 알겠는데 '책 좋아
하는 아이들이나 가능한 일'이라고 생각하시지 않으셨으면 좋
겠습니다. 책을 좋아하지 않는 게 아니라, 아직 좋아하는 책을
발견하지 못한 것일 수도 있어요. 엄마가 적극적으로 함께 읽는
문화를 만들어 주세요. 아이의 인생 책, 혹은 엄마의 인생 책을
북클럽을 통해 만나게 될지도 모르니까요.

‘엄마랑 같이 하는 건 뭐든 좋아’
타이밍을 놓치지 마세요

"아이랑 함께 고전문학을 읽고 있어요"라고 말하면 놀라시는 분들이 많이 있어요. 주로 이어서 듣는 질문은 "아이가 몇 학년인데요?"입니다. 제가 아이가 3학년이라고 말하면 더 크게 놀라십니다. "3학년 밖에 안 되었는데 고전문학을 함께 읽는다고요?" 하세요.

제가 조금 이르게 아이와 함께하는 북클럽을 시작한 건 놓치고 싶지 않은 타이밍이 있었기 때문이에요. 바로 '엄마랑 같이 하는 건 뭐든 좋아' 타이밍이에요.

아이가 어려서는 '엄마가 최고'죠. "세상에서 누가 제일 좋아?"라는 질문에 1초의 고민은커녕 '뭘 그런 걸 물어' 하는 표정으로 확신에 차서 "엄마!"라고 말해주는 시기가 있잖아요. 그 시기를 지나, "엄마, 아빠 똑같이 좋아"를 거쳐 아이의 마음속에 친구가 찾아옵니다. 엄마랑 노는 것도 좋고, 엄마랑 무언가 하는 것도 재미있지만 '친구'와 하는 게 더 좋아지는 시기, 친구와 시간을 보내고 싶은 시기가 찾아오죠.

그런 이유로 저는 좀 서둘렀어요. "엄마랑 같이 책 읽을래?" 했을 때, 한치의 망설임도 없이 "좋아!"라고 말해 주고, 엄마와의 그 시간을 진심으로 기다리는 아이의 시간을 놓치고 싶지 않았습니다.

'엄마와 같이 하는 건 뭐든 좋아'라고 생각하는 아이와의 그 시간을 편안하고 즐거운 시간으로 만들려고 노력했어요. 엄마와 함께하는 독서를 엄마가 시켜서 억지로 하는 일이 아닌 기꺼이 하고 싶은 일이자 당연한 일상으로 여겨주길 바라면서요.

물론 고학년이 되고, 중학생이 되어도 해볼 수 있을 거고, 저도 가능한 한 오래오래 이어나갈 생각입니다만 조금 서둘러서 빨리 시작하면 수월하게 시작할 수 있습니다. 아이가 어릴수록 해야 할 공부에 대한 부담도 적고, 책에 푹 빠져 지낼 시간도 많잖아요.

진짜 재미있는 것을 특별히 너랑 같이 하겠다는 약간 거만한 말투로, "○○아, 엄마랑 같이 북클럽 할래?" 하고 슬쩍 가볍게

던져 보세요. '엄마랑 하는 건 뭐든 좋아' 타이밍 안에 있다면 눈을 반짝이며 "북클럽, 그게 뭔데?" 하고 바짝 다가올 거예요.

자, 그렇다면 이제 반은 성공하신 셈입니다.

서로가 서로의 페이스 메이커가 되어 준다는 것

흔히들 인생을 '달리기'라고 합니다. 1등은 딱 한 자리뿐이고 남보다 빨리 달려야만 그 자리를 차지할 수 있는 치열한 경기로 인생을 비유하죠.

하지만 제 생각은 좀 달라요. 인생이 달리기라는 점에선 동의하지만 누구와 함께 뛰는 경기는 아닌 거 같습니다. 서로 다른 목표 지점을 향해 각자의 뛰는 거죠. 굳이 인생에 경쟁을 붙여 이야기한다면 어제의 나와 경쟁하는 '나와의 싸움' 아닐까요? 이런 인생이란 레이스에서 부모가 아이에게 해줄 수 있는 역할은 무엇일까에 대해 생각해 본 적이 있어요.

부모는 빨리 뛰는 법을 알려주는 달리기 코치도, 대신 뛰어주는 대타 선수도 될 수 없습니다. 하지만 같이 뛰는 페이스 메이

커는 할 수 있죠. 부모는 부모의 레이스를, 아이는 아이의 레이스를 하며 서로 지칠 때 응원해주고, 격려하며 옆에서 묵묵하게 달려줄 수 있지 않을까요? 누군가 함께한다는 것만으로도 큰 힘이 된다는 것은 굳이 설명하지 않아도 아실 거예요.

책 읽기도 마찬가지라고 생각합니다.

아이에게 '책 읽어라!' 하기 보다는 옆에서 함께 읽어 보세요. 옆에서 함께 읽는 '페이스 메이커' 덕분에 조금 도전이 되는 책도 쉽게 읽을 수 있습니다.

그런데 말이죠, 페이스 메이커 역할을 하는 것은 부모만이 아닙니다. 아이도 부모의 페이스 메이커가 되어 책 읽기가 귀찮거나, 싫어지는 순간마다 수월하게 그 고비를 넘길 수 있게 도와줍니다.

아이와 함께하는 북클럽을 부담스럽게 여기는 건 아마도 책을 읽고 거창한 이야기를 나누거나 그럴싸한 독후활동을 해야 하지 않을까, 하는 생각 때문일 거예요.

하지만 부모의 역할은 그저 함께 읽는 것, 그것이 가장 중요한 일이라고 생각합니다. 내가 먼저 공부한 다음에, 뭔가 준비된 다음에 해야지 생각하지 않으셨으면 좋겠습니다.

아이와 함께하는 북클럽의 시작은 "우리 같이 책 읽을래?" 이 한마디면 충분해요.

북클럽을 통해
문해력 말고 추억을 쌓아 주세요

'국어는 집을 팔아도 안 된다'

대한민국 대표 학군지인 강남 대치동 학부모들 사이에서 유
행하는 말이라고 합니다. 그리고 그 국어의 답은 어린 시절 독
서에 있다고 말하죠. 어려서 책을 많이 읽고, 생각하며 자란 아
이들은 자연스럽게 문해력을 높일 수 있고 그 힘들다는 '국어'
걱정을 좀 덜 수 있다고 이야기합니다.

네, 맞는 말이라고 생각합니다. 또 학령기의 아이를 키우는
학부모의 한 명으로서 저도 독서와 공부의 연계성에 관심이 없
다면 거짓말이죠. 하지만 '책을 좋아하는 아이'로 키우려면 '필
요에 의한 독서'가 아닌 '재미있는 독서'를 해야 한다고 생각합
니다. 그래야 오래오래 스스로 책을 찾아 읽는 아이로 성장할

수 있고, 책 읽는 어른이 될 수 있다고 굳게 믿고 있어요.

단둘이 북클럽을 시작하기로 마음먹은 건, 두 가지 목적에서였습니다. 하나는 아이 혼자서는 읽기 힘든 고전문학이라는 허들을 같이 넘어주고 싶다. 그리고 다른 하나는 아이에게 책 읽기의 다양한 즐거움, 그중에서도 함께 읽는 책 읽기의 즐거움을 알려주고 싶다.

책 읽기는 대단히 내밀한 활동입니다만, 독서가 완성되는 건 소통을 통해서가 아닐까 싶은 순간들이 있었습니다. 독서모임이나 SNS를 통해 책을 읽고 여러 사람들과 이야기를 나누며, 내가 놓쳤던 부분을 다시 보기도 하고, 나와는 다른 해석에 귀를 기울이며 한 권의 책이 오롯이 내 삶 속으로 들어옴을 느꼈습니다. 혼자 읽었다면 가능하지 않았을 특별한 경험이었죠.

아이와의 북클럽도 마찬가지였어요. 제가 놓쳤던 부분을 아이는 세밀하게 보고 살피며 감상을 전해 왔고, 저는 저대로 아이가 관심을 두지 않았던 부분에 대한 생각을 전하며 한 권의 독서가 풍성해짐을 느꼈습니다. 책을 매개로 아이와 깊은 소통을 했습니다.

국어 성적이 높아지는 것도 좋고, 문해력이 남달라지는 것도 두팔 벌려 환영입니다만, 북클럽의 가치는 여기에 있는 게 아닐까 싶어요. 국어 성적과 문해력은 선물처럼 따라오는 것입니다.

북클럽을 통해 아이와 깊이 소통할 수 있어요. 이 소통의 기억은 무엇과도 바꿀 수 없는 추억이 됩니다. 삶의 고비마다 아이에게 힘이 되어 줄 고전의 한 장면에 엄마의 따스한 시선이 더해져 아이에게 큰 자산이 될 겁니다. 그 시간이 귀한 건 부모에게도 마찬가지입니다. 아이와 서로 어깨를 기대고 책을 읽었던 시간, 눈을 맞추며 나눴던 대화, 책을 통해 몰랐던 아이의 생각을 알게 되었을 때의 뭉클함…… 이 모든 온기 넘치는 시간의 기억이 부모에게도 큰 추억이 되어 남을 겁니다.

저는 아이와 오래도록 함께 읽을 생각입니다. 고전문학을 어느 정도 읽고 나면 인문고전이나 과학 서적에 도전하고 싶어요. 청소년소설을 함께 보는 것도 좋을 것 같고, 종류를 정하지 않고 번갈아가며 책을 추천하는 것도 재미있을 거 같습니다. 때로 주춤하는 순간도 있을 거예요. 몇 달씩 북클럽이 멈춰 있는 때가 있을지도 모르겠습니다.

하지만 절대 해체는 없습니다. 제가 할머니가 되고, 아이가 중년이 되어서도 이어가는 모임이길 바랍니다.

"재인아, 단둘이 북클럽 시작하고 제일 좋은 게 뭐야?"
"정기모임일에 맛있는 거 먹는 거?"
"뭐야? 그것뿐이야?"
"엄마랑 단둘이 시간을 보내는 것도 좋고, 책 이야기하는 것도 좋지.
그래도 제일 좋은 건 맛있는 거 먹는 거!"

단둘이 북클럽

우리 둘이 주고받은 마음의 기록

2024년 12월 25일 초판 1쇄 발행

지은이 변혜진 연재인

펴낸곳 도토리책공방
디자인 김아름 @piknic_a
인쇄   도담프린팅

등록   제2024년-000041호
주소   경기도 용인시 수지구 만현로 67번길 20, 105-304

이메일 dotorybookstudio@gmail.com
인스타그램 @dotorybookstudio

"엄마, 우리 단둘이 북클럽 언제까지 할 거야?"
"언제까지긴, 엄마 회원이 할머니 회원 될 때까지 하는 거지?
단둘이 북클럽에 탈퇴는 없다!"